JN000733

売るための努力ほど、無駄なものはない！

曽我浩行
著

自由国民社

「こんな商品があったらいいのに」

「よし、困っている人たちのためにつくろう」

私はECのコンサルをしていて、よくこういった意見を聞きます。

しかし大概

「なぜ？　思ったほど売れない…」

「認知されていないのかな？」

「安くすれば売れるかな？」

こういった結果になってしまいます。

そして、この段階で

「いや、もうあきらめましょう」

と伝えますが、

「いや訴求を変えれば、売れるはずだ」

「まだあきらめきれません」

と返されることがほとんどです。

しかし、ほとんどの商品がそのあとも売れ残っているのを見てきて言えることは

「ほんとうにいいものを作れば、努力なんてしなくて売れる」

ということです。

「ほんとうにいいもの」でない限り、どんなに販促をしても、どんなに安くしても、
どんなに周知しても売れることはありません。

つまり、

売るための努力ほど無駄なことはないのです。

ＥＣでほんとうに売りたいなら、
ほんとうにいいものだけを作って売る、ほんとうにいいものを仕入れて売る
これが鉄則です。

ほんとうにいいものとは？

それを本書では解説していきます。

それを追求していくことが、ＥＣで成功することなのです。

売るための努力ほど、無駄なものはない！

曽我浩行

はじめに ——見るべきは顧客の不満——

コロナ禍を機に多くの企業がＥＣ市場に参入したことで、競争はますます激化しています。

古くからＥＣを手掛けてきた企業は「**今までのノウハウが通用しなくなってきた。売れ筋でも値下げをしないと売れなくなった**」とこぼし、販路拡大を狙ってＥＣを始めた新規参入組も「**期待していたほど売れない**」と嘆いています。

とはいえ、すべての企業が苦戦しているわけではなく、苛烈な競争の中でも順調に売上や、利益を伸ばして成長している企業もあります。

手前味噌ではありますが、私の会社も２００６年の創業から16年間、一度も売上を落とすことなく右肩上がりで成長を続け、特にここ数年は飛躍的に利益を伸ばしています。

ＥＣで成功する企業と失敗する企業、その差はどこから生じるかと言えば、最大の要因は「**マーケティング**」にあります。

当社の黒字体質が確固たるものになったのも、マーケティングに力を入れるようになってからのことです。

私は自社でＥＣをおこなうだけではなく、異業種の経営者に対してＥＣビジネスのイロハを教えるコンサルティングも手掛けているのですが、困りごとを抱えて相談に来られる方は、ほぼ例外なくマーケティングができていない、もしくはマーケティングの手法が古すぎて、市場環境や消費者のニーズに対応できていません。

その結果、

「リアル店舗では人気があるのに、ＥＣではまったく売れない」

「めちゃくちゃいい商品を開発したのに、見向きもされない」

「値下げして何とか売っているが、利益がほとんど残らない」

という困った事態に陥っているのです。


いくらマーケティングをがんばったとしても、昔ながらのやり方では効果は上がりません。

ネット上での消費行動は、ここ数年で様変わりしているからです。

今の消費者が何を求めているかと言えば、ズバリ「**不満を解消してくれる商品**」これに尽きます。

最先端のものや、今まで見たことがないようなユニークな商品をネットで買いたいという消費者は、実際にはそう多くはありません。

「安ければいい」という人も減っています。

ネット上に「安かろう、悪かろう」が蔓延した結果、多くの消費者が「安物」に警戒心を抱くようになってきたからです。

それよりも消費者は、既存品がパワーアップした商品、つまり**「今使っているものより便利なタイプ」「従来品に対して抱いていた〝不満〟を解消できるもの」**を探しているのです。

そうした真に必要とされているものを見出し、商品化し、販売し、紹介・拡散されることによって売上を伸ばし、利益を再投資する――。そんな好循環を生む方法こそが、本書で紹介する「不満マーケティング」です。

消費者は、どんな商品のどこに不満を抱いているのか。

不満のレベルはどれくらいで、何％くらいのユーザーが不満を感じているのか。

それをリサーチして商品を開発し、かつ、販売ページやＳＮＳでその魅力を余すことなく伝えることができれば、値引きなどしなくても商品は自動的に売れていくのです。

こうした手法や考え方は、一般的には「Ｗｅｂマーケティング」に分類されるのでしょうが、ＥＣを行っているかどうかにかかわらず、ものを売るすべての企業が知っておくべき知識だと私は考えます。

なぜなら現代では、どんな企業もＥＣと無縁ではいられないからです。

たとえ販売チャンネルがリアル店舗のみだったとしても、お客様側はそうではありません。店頭に並ぶ商品とネットで売られている商品を比較し、ネットの方が良さそうだと思えば迷わずそちらで購入します。

最近では若い人だけではなく50代、60代の中高年層にもそうした消費行動が根付きつつあります。それなのに、旧態依然とした「平成式マーケティング」だけを頼りに商売をしているようでは、とうてい勝ち目はありません。

逆に言えば、顧客や潜在顧客の「不満」に着目したマーケティングは、業種や業態を問わず、あらゆるビジネスを発展させる原動力になりえます。そのことをもっとも実感しているのは私自身かもしれません。


私は基幹事業であるＥＣのほかにも、石垣島や淡路島でレストランを経営したり、予防医学への興味からサプリメントを扱う新会社を立ち上げたり、約30業種の経営者１００名が参加するコミュニティーを運営したりと、幅広い事業を展開しています。

個人的な趣味の世界でも、クルーザー好きが集まるコミュニティーを作ったり、YouTubeチャンネル「釣りバカ社長のGROOVY FISHING CHANNEL」（登録者数４・15万人）で釣りの魅力を語ったりしていたら、さらに人の輪が広がって、気づけば宮古島市からの依頼でマリーナ開発に携わるという、新しいチャレンジも始まりました。

これらすべての活動のベースにあるのは、ＥＣ事業で培った不満マーケティングの考え方です。

消費者の不満をリサーチし、よりよいものやサービスを作る。そのための知識とノウハウがあれば、どんな世界でも成功できるのです。

もくじ

第2章 いい商品とは「市場がある商品」 61

第3章 アイデアを出すより、顧客の「不満」を拾え 109

第4章 「不満」をつかんだら商品の価値に転換する ……149

第5章 LPとCSで大差がつく！「買ってもらえるショップ」の作り方 195

第6章 理念を伝えてブランド力を高める「タググライン戦略」 249

第7章 会社が右肩上がりで成長する「戦略」と「仕組み」 269

第8章 不満を信頼に変えて「ビジネスの循環」を設計する

第1章

「売るための努力」ほど無駄なことはない

なぜ、美容師が作った「最高のシャンプー」は売れなかったのか？

ECビジネスで勝ち残るメソッドを説明する前に、まずは異業種からECに参入した企業が陥りがちな「典型的な失敗」をご紹介したいと思います。

とある美容師が「最高のシャンプー」を開発してECに挑むも、あえなく惨敗した事例です。

一般的に、美容室で使われるサロンシャンプーは、市販品よりも髪の毛をしっかり補修し、カラーやパーマの持ちがよくなるように設計されています。けれども、その美容師さんは既存のサロンシャンプーでは満足できず、「髪や頭皮に優しい成分をもっと多く配合したオリジナルシャンプーを作りたい！」と考えました。

そして、そのシャンプーを自分のお店で使うだけではなく、ネットでも広く販売することで、新たな事業の柱を作ろうともくろんだのです。

試行錯誤の末、満足のいくシャンプーができあがりました。髪へのダメージを最小限に抑え、使い続けるほどに髪質が改善していくという、こだわりが詰まったシャンプーです。

彼は「最高のシャンプーができた！」と喜び、自信満々で売りに出しましたが、結果はまったく売れませんでした。美容室の店頭で常連客がたまに買ってくれることはあっても、ネットではほぼ注文がなく、リピーターは皆無でした。

彼の理想を詰め込んだ「最高のシャンプー」はあっという間に不良在庫と化し、「何とかさばく方法はないか」と、私のところに相談にきたというわけです。

この「最高のシャンプー」は、なぜ不発に終わったのか？

話を聞けば、原因は明らかでした。**彼は「マーケティング」というものを一切おこなっていなかったのです。**

ネットではサロンシャンプーがどれくらい売れているのか？

同業他社はどんなシャンプーを、いくらで売っているのか？

一番のライバルとなるのはどの店の、どの商品なのか？

相談に来られた美容師さんは、私の質問に一つも答えることができませんでした。

「こんなシャンプーを作りたい！」という気持ちばかりが先走って、市場の状況や消費者のニーズをリサーチするという発想が抜け落ちていたのです。

自分が経営する美容室の店頭で、常連客を相手に細々と販売していくのであれば、マーケティングなど必要なかったかもしれません。

常連客は、美容師としての彼の腕前やセンスを認めて通っているのだから、彼が「このシャンプーがいい」とすすめれば、信頼して買ってくれる人もいるでしょう。

品質は悪くないのだから、常連客向けにオリジナルシャンプーを１００個くらい作り、１〜２年かけて店頭でコツコツ売っていく計画なら、何ら問題なかったと思います。

けれども、新たな事業の柱を求めてＥＣという大海原に漕ぎ出すのであれば、話はまったく変わってきます。

一面識もない赤の他人に、聞いたこともないメーカーの商品を買ってもらおうと思ったら、「自分が何を売りたいか」ではなく**「相手が何を求めているか」**を真っ先に考えなければなりません。

その視点をもたず、自分が売りたいものを売ろうとするのは、カレーライスを食べたがっているお客様にスパゲティをすすめるようなものです。

「あなたはカレーが食べたいかもしれないけれど、当店のスパゲティは何年も研究を重ねて開発したもので、素材はこんなにいいものを使っているし、調味料だって工夫しているし……」。

そんなふうに説得されたところで、「じゃあスパゲティにします」と考えを変えるお客様は10人に1人もいないでしょう。

おまけにこの「最高のシャンプー」は、商品のコンセプト的にもECでは売りにくいアイテムでした。いくら良質なものであっても、効果が出るまで時間がかかる商品や、購入者に効能や使用法を教育しなければならない商品というのは、通販と相性が悪いのです。

というのも、使い始めてすぐに良さを実感できないと、購入者はレビューに辛口なコメントを投稿してしまいます。それを防ぐためには、販売後も顧客と接点を持ち続けてフォローする必要があるのですが、ECを始めたばかりの会社がそれを行うのは不可能に近いでしょう。

市場のニーズを無視して商品を作ってしまった上、EC市場への理解も浅いのだから、成功するはずがありません。

最初のうちこそ「最高のシャンプーを開発してお客様に喜んでもらいたい！」という志を抱いていた美容師も、いつしか在庫をさばくことばかり考えるようになっていきました。

在庫処分というのは苦しい仕事です。

ふつうに売っても売れないから、大幅に値下げをしたり、違反スレスレの誇大広告で注目を集めようとしたりということになりがちです。

そうなると、**理念と行動に一貫性がなくなります。**口では「最高のシャンプーでお客様を喜ばせたい」と言っておきながら、実際には安さをウリにしたり、消費者をだますような表現で売ろうとしていたら、信頼など得られるはずがなく、店頭からもＥＣショップからもますます客足が遠のいてしまいます。

「ネットなら楽に儲かる」という幻想は今すぐ捨てなさい

オリジナルシャンプーで大失敗した美容師さんの事例は決して珍しい話ではなく、切羽詰まって私のところに駆け込んでくるクライアントは、ほとんどがこのパターンと言っていいくらいです。

ECに進出するにあたってマーケティングを軽視する企業が多いのは、ECを甘く見ているからでしょう。

これが現実の店舗でものを売るという話なら、もっと気を引き締めて臨むのではないかと思います。無数にある商品の中から自社の商品を選び取ってもらう大変さが、リアルにイメージできるからです。

たとえばスーパーやコンビニのアイスクリームコーナーには、大手から中堅どころまで、さまざまなメーカーのアイスが並んでいます。

どの会社も自社の商品を手に取ってもらえるよう、味や品質はもちろんのこと、パッケージの形やデザインにも工夫を凝らしています。大手となれば、それこそ莫大な資金を投じて研究・開発をおこなっているはずで、そんなメジャーな商品と互角に渡り合おうと思ったら、それ相応の準備や投資が必要であることは誰にでもわかります。

ところがネット販売となったとたん、見通しが甘くなるのです。

- **物理的な店舗に比べて低コスト、短期間でショップを開設できる**
- **維持費を安く抑えられる**
- **販売網を持たない中小零細企業や個人でも、世界中のユーザーに直接商品を販売できる**
- **豊富な画像や図版を使って、商品の魅力を存分にアピールできる**

そんな部分にばかり目が行って、「これならウチでもいけるかも」と皮算用してしまうのでしょう。

たしかにＥＣには手軽な一面があることは事実ですが、イコール「楽に稼げる市場」と思ったら大間違いです。

たとえばネット上では、ありとあらゆる要素が比較されます。

ライバル商品に比べて割高だったり、使い勝手が悪そうだったり、口コミ評価が低かったり、商品ページのデザインが良くなかったりすれば、消費者は瞬時に興味を失ってページを閉じてしまいます。

これがリアル店舗なら、他店より少し値段が高かったり、商品が見劣りしたとしても、「わざわざ別の店に行くのは面倒だから」と、妥協して買ってくれる人もいるかもしれませんが、ネットではそうはいきません。

A店で買おうがB店で買おうが、ユーザーの手間は変わらないからです。

だから、たとえ実店舗で売れているものでも、それがそのままネットで売れるとは限りません。

「出したら売れる」ということは、ネットの世界ではありえないのです。

中国セラーが続々参入「個性」がない企業は淘汰されていく

ここで簡単に、日本のEC市場の現状を確認しておきましょう。

消費者向けのEC、いわゆる「BtoC-EC」の市場規模は右肩上がりで成長し続けてきました。それに拍車をかけたのが新型コロナウイルス感染症の流行拡大で、外出自粛が呼びかけられた2020年には、ECの中でも特に物販の市場が大幅に拡大しました。

MMD研究所が行った「コロナ流行前後での総合ECサイトユーザーの利用状況」という調査では、2020年4月以降に「ECサイトの利用が増えた」と答えた人の割合は21%、その時期に「ECサイトの利用を始めた」と答えた人の割合は5%ということですから、日本人の4分の1はコロナ禍を機にECサイトをより積極的に利用するようになった計算です。

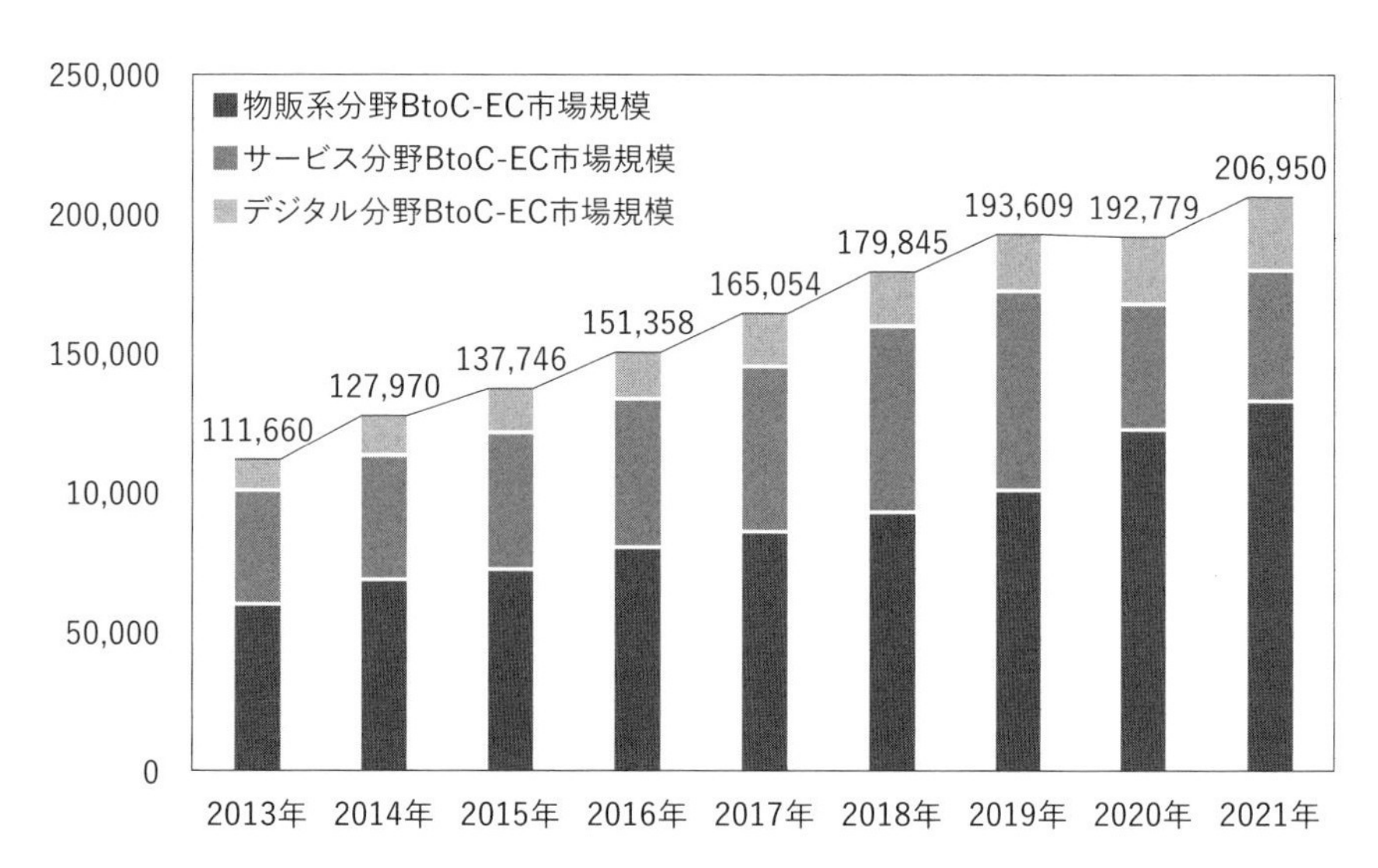

出典:「経済産業省『電子商取引に関する市場調査の結果を取りまとめました』」
(URL：https://www.meti.go.jp/press/2022/08/20220812005/20220812005.html)をもとに著者作成

この成長いちじるしい市場に売り手として参入する方法としては、ヨドバシカメラやユニクロのように、自社単体のＥＣサイトを立ち上げる方法もありますが、ノウハウや資金がない中小企業の場合、まずはモール型のＥＣサイトに出店するのが現実的な選択肢となるでしょう。

国内モール型ＥＣサイトの売上高を見ると、１位は楽天が約５・６兆円と群を抜き、続いてAmazon（約３・２兆円）、Yahoo!ショッピング（約1兆円）となっています。

私もこの3モールに計8店舗のショップを出店し、それぞれ順調に売上を伸ばしているものの、安泰だと思ったことは一度もありません。それどころか「もっと進化しなければ生き残れない」という危機感を年々強く感じるようになっています。

というのも、今のＥＣモールには中国セラー

（海外の販売プラットホームに直接出店する中国企業）が続々参入し、グローバルな戦場となっているからです。

中国セラーの参入をいち早く認めたAmazonでは、２０２１年に新規参入した業者のうち75％が中国セラーという報告書があります。また、楽天でも中国セラーが数年前から解禁となり、徐々にその割合を増やしています。

中国セラーの特徴は、豊富な品ぞろえと競争力のある価格設定です。

「安かろう、悪かろう」という昔からのイメージを地で行く業者も少なくありませんが、近年ではレベルの高いセラーも出現しつつあります。中国セラーは世界中のＥＣ市場で培ったグローバルなノウハウを武器に、今後ますます力をつけていくことでしょう。

ライバルは中国セラーだけではありません。

資本がある国内大手企業は言うまでもなく、個人や家族単位で経営している零細ショップも意外に強敵です。

「従業員がいない分、少しの利益でもかまわない」という人たちに、価格設定で勝つことは難しいからです。

ＥＣは参入障壁が低い分、「人間関係が煩わしい会社で働くより、個人で細々と生活費を稼げればいい」という動機で始める人も少なくないのです。

これからＥＣに参入するということは、こうした大小さまざまなライバルたちと戦うということで

あり、決して楽な道ではありません。商品に個性がなかったり、価格競争で勝てない仕入れをしている店舗は間違いなく淘汰されてしまうでしょう。

「いいもの」だけが売れる時代になってきた

前述のとおり、競争がますます激化しているEC市場ですが、勝機がないわけではありません。中国セラーや個人店が扱う商品は、まだまだ品質が悪いものが多いし、顧客サポートも手薄です。そうした部分に向けられた「不満」を拾い上げ、不満を解消する商品やサポートを提供することで差別化を図るのです。

「いいものを適正価格で提供し、販売後もきちんとサポートする」

言葉にすれば当たり前のようですが、当たり前のことを当たり前に行うのは簡単ではありません。

その証拠に、ＥＣモールの商品レビュー欄は店の対応や商品そのものに対する不満の声であふれています。

品質やサポートを二の次にしている通販業者が多いのには理由があります。

これまでは多少品質が悪くても、サポートがいいかげんでも、価格が安くて商品ページが魅力的なら、それなりに売れていたからです。品質やサポートに投資しなくても売れるとなれば、投資を惜しむ企業が続出するのもやむなきことで、結果的にＥＣモールには「安かろう、悪かろう」があふれることになりました。

しかし、消費者も学習します。

「安くて良さそう」と思って飛びついたけれど、実際に届いた商品は写真とまったく違う粗悪品で、返品や交換を求めてもなかなか返事がこない……。

そんな手痛い経験を積んだ消費者は、今まで以上に慎重に商品を見定めるようになりました。

いい点ばかりを強調した画像やキャッチコピーを鵜呑みにせず、商品レビューをじっくり読み込み、保証期間やサポート体制を確認し、他店の類似品と比較して、ほんとうにいいものかどうか、信頼できる店舗かどうかを検討した上で購入を決めるようになってきたのです。

商品や業者の良し悪しを見極められる顧客が増えてきた今こそ、「いいものを適正価格で提供し、販売後もきちんとサポートする」という基本に立ち返るときです。

この基本さえ徹底していれば、必ず商品は売れ、固定ファンもついてくるでしょう。

ものを売るのではなく「理念」を売る

私が「いいもの」にこだわるようになったのは、過去の苦い経験がもとになっています。

当社は2006年の創業以来、一度も売上を落とすことなく右肩上がりで成長してきましたが、決して順風満帆だったわけではありません。

特に設立当初、中国からの輸入販売を柱にしていた頃は、売上は伸びても利益があまり残らず、内情は火の車でした。

そもそも私の起業は計画的なものではありませんでした。

きっかけは、勤めていた会社の倒産です。

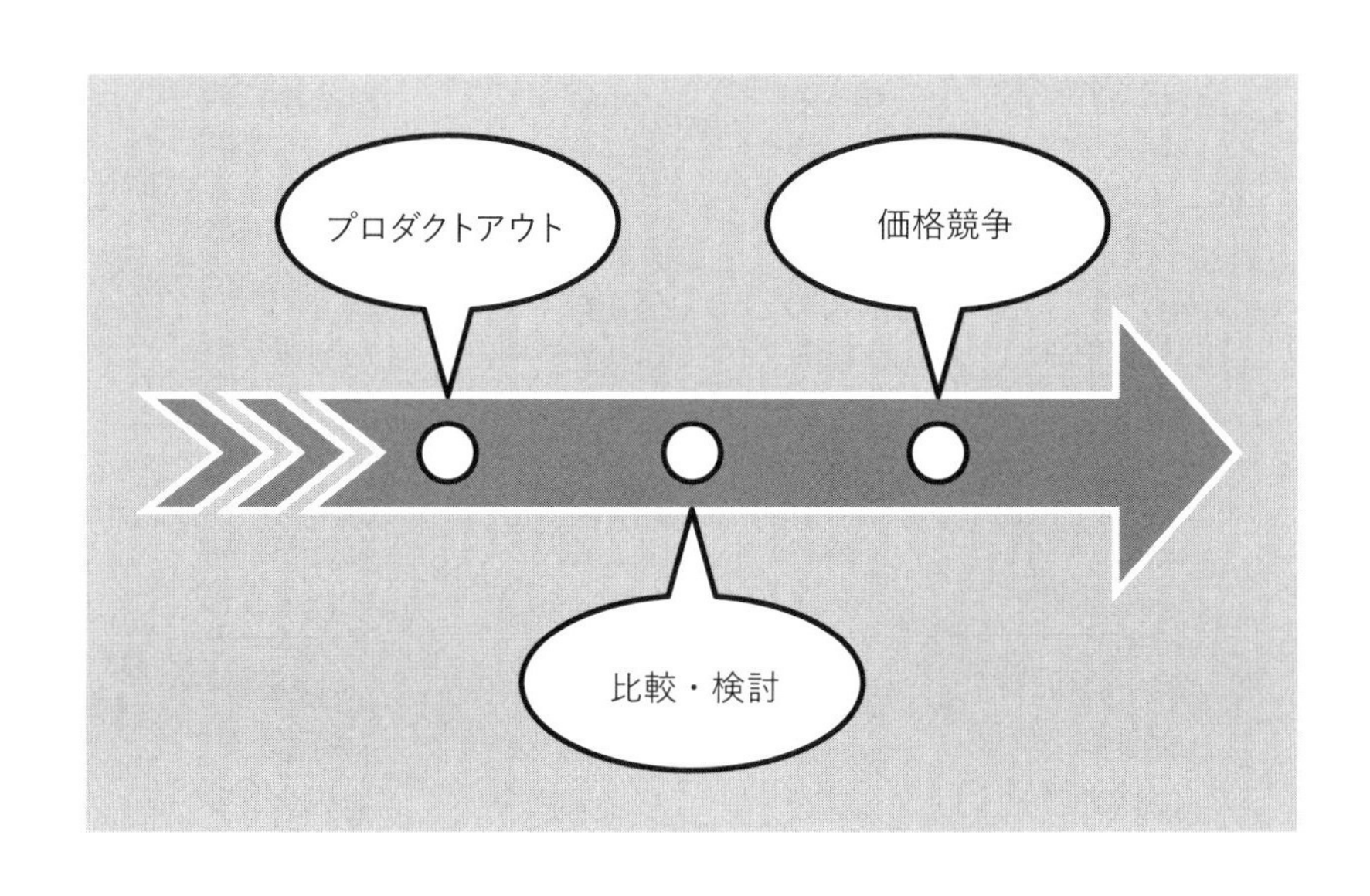

管理職として多くの部下を抱えていた私は、部下たちの生活を守るために所有していた株をすべて売却し、それを資金として輸入販売事業を始めました。世界最大の日用雑貨卸売市場である中国の義鳥（イーウー）マーケットでサイクルパーツやインテリア雑貨等を買い付け、店舗に卸売りするという商売です。

何もかもがはじめて尽くしではありましたが、営業力には自信があったし、当時は身を粉にして働いていたので、事業はそれなりに軌道に乗り始めました。

2007年に株式会社Global Bridge Tradingとして法人化し、ネットオークション販売に乗り出してからは成長がさらに加速し、売上高も2年目で5000万円、3年目には1億円、5年目には5億円と大きく伸びていきました。

しかし、ネットオークションというのは基本的に価格勝負の世界で、商品が死んでいくサイクルも非常に早い。おまけに出品や顧客対応の手間も煩雑で、規模が大きくなればなっただけ人手が必要になるので、いつまでたっても楽になりません。**薄利多売のビジネスは、経営者にも従業員にも大きな負担を強いるのです。**

この負のサイクルを抜け出すにはどうすればいいのか？

私が出した結論は、**プロダクトアウト戦略からの脱却**でした。

「今の時代、企業が売りたいものを売るだけでは必ず価格競争になってしまう。そうではなく、消費者が求めるものをリサーチし、その商品を買わなければならない理由を明確に伝えることができれば、多少価格が高くても必ず売れるはずだ」

そんな考えのもと、当社は企業の都合を優先するプロダクトアウトから、消費者のニーズに基づいて商品を開発・販売するマーケットインへの切り替えを図りました。

すなわち、仕入れた商品を販売するだけの流通業者ではなく、自分たちで納得がいく商品を一から企画して顧客に提供する製造小売業（ＳＰＡ）へと業態を変えたのです。

当社の快進撃が始まったのはそれからです。

もともと当社では「ほんとうにいいものを、お求めやすい価格でご提供する」、「ほんとうに満足のいく商品のみご提供する」という理念を掲げて創業したのですが、プロダクトアウトの商売をしていると、ときに不本意な商品を扱わねばならなかったり、品質ではなく価格勝負になってしまうことも

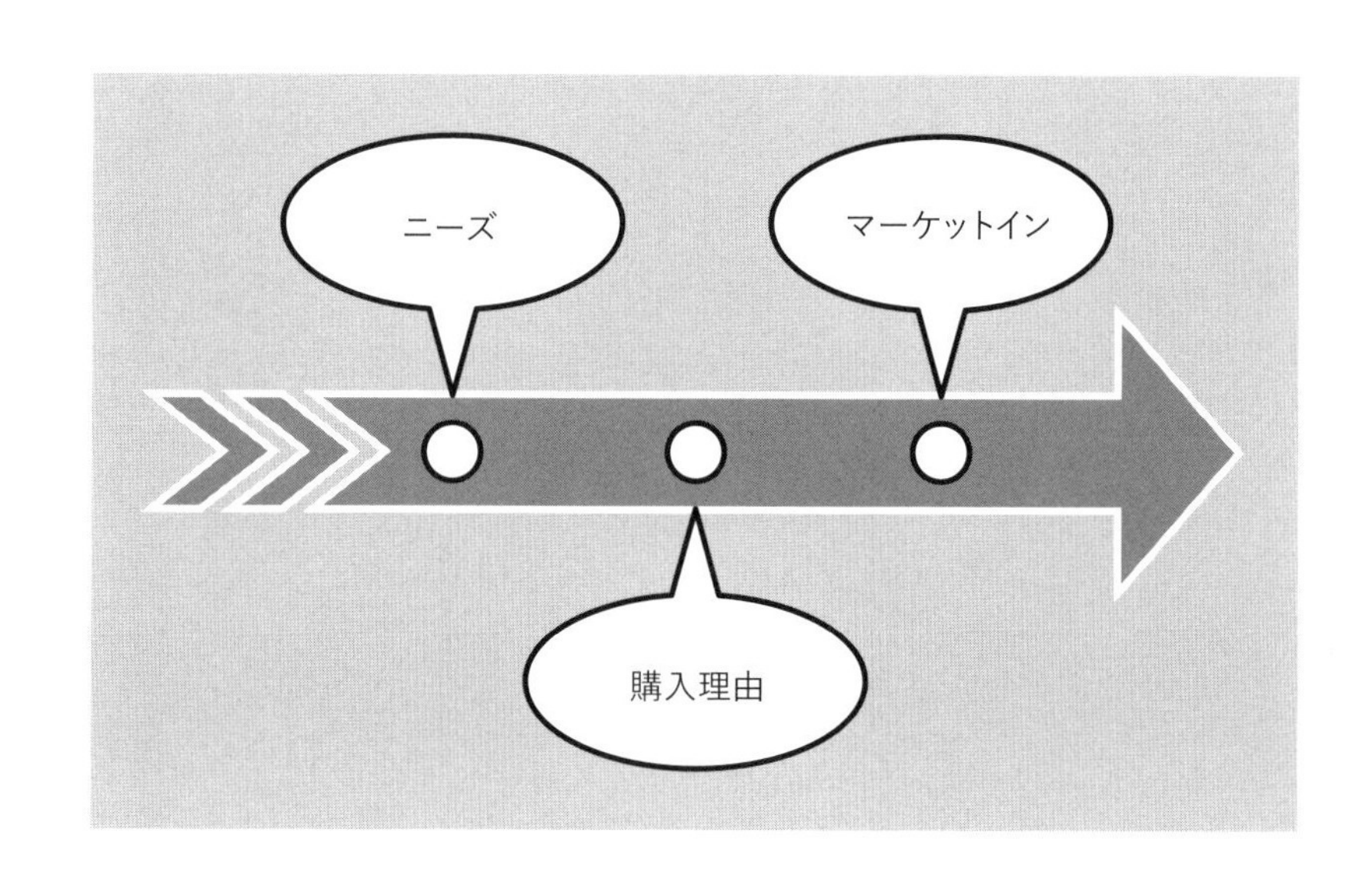

ありました。

それがマーケットインの発想で、自ら商品を企画・開発するようになってからは、存分に理念を実践できるようになりました。そしてまた「ほんとうにいいものを、お求めやすい価格で」という姿勢は多くの人々に受け入れられ、数々のヒット商品が生まれる下地ができていったのです。

ものを売るのではなく、理念を売る——。

それは時流に合った考え方でもありました。なぜなら今の消費者は、ものの品質や価格だけではなく、それを売る会社の理念やコンセプトも重視するからです。

理念やコンセプトに共感した消費者は、商品ではなく会社のファンになり、リピーターとして積極的に購入してくれるようになります。「安心して気持ちよく買い物ができる誠実な店」といったイメージと評判が根付けば、ＥＣビジネスは格段に楽になります。

ただし、口先だけの理念には何の意味もありません。

どんなに立派な理念を掲げたとしても、実際の行動がかけ離れていたら、消費者はすぐ欺瞞に気づきます。

たとえば「いいものしか売らない」と言っておきながら、レビュー評価がきわめて悪い商品を売り続けていたら、共感どころか反感をまねいて顧客離れが加速してしまうでしょう。

少人数で売上をあげたいなら、輸入販売業ではなくメーカーを目指せ

本書を手に取られた方は、これからECへの進出を計画しているか、すでに出店したものの思うように売れず困っているか、どちらかに当てはまる方が多いのではないかと思います。

これから出店するにしても、既存店の立て直しをはかるにしても、今から心に留め置いてほしいことがあります。

それは、趣味や個人レベルで商売をしているのでない限り、**最終的には自分たちで商品を企画・開発するメーカーを目指してほしい**ということです。

理由の一つは、顧客のニーズに合致した「いいもの」を提供するためです。

たとえば「この商品のここに不満があるから解消してほしい」というニーズを発見したとき、メーカー機能がない会社は、既存品の中から条件に合う商品を探すことになります。

もちろん、そんな都合のいい商品が見つかるとは限りません。

自社で商品を作る手段がなければ、そこで諦めるしかないけれど、メーカーならば自社で作ることができるので、ビジネスチャンスを無駄にすることがないのです。

もう一つの理由は、経営を安定させるためです。

中国などから商品を安く仕入れ、転売で利益を出すためには、仕入れ額よりも高値で販売できる商品を見つける必要があります。

商品の価格や競合他社の状況を把握し、需要の高い商品を選ぶことはなかなか難しいし、目論見が外れて売れ残ってしまったら、価格を下げるしかなくなります。

転売ビジネスは博打的な要素が大きい上、利益も薄いので、個人店ならまだしも、従業員を抱えた企業にはふさわしくない商売だと私は思っています。

私の会社も転売がメインだった時代は売上が増えても利益が残らず、いつもカツカツでした。

その点、自社製品をＥＣショップで販売するスタイルなら、少人数でも運営できるため、従業員３～５人＋外注で年商10億円というような企業もざらにあります。

収益性の高さに加え、ライバルが少ないのもメーカーの強みです。ネットショップの大半は輸入販売業者や小売業者で、どの店も似たような商品を仕入れるため、最終的には価格で競争するしかなくなります。

その点、自社サイトでしか買えない商品なら、価格だけで比べられることはなく、その商品の個性や特徴をきちんと見てもらえます。


これほど利点があるにもかかわらず、多くの企業が輸入販売業者や小売業者に留まっているのは、ものづくりが未知の世界で、足掛かりがないと感じているからでしょう。

たしかにメーカーとして製品を設計・開発・製造するには幅広い知識やノウハウが求められます。

でも今の時代、メーカーになるのはそこまで難しいことではありません。

自社に専門家がいなくてもプロセスの多くは外注できるし、工場との橋渡しをしてくれる商社やコンサル会社もたくさんあります。


本書でも、主に第4章において、商品開発の流れや注意点などを解説しています。

メーカー機能を有している企業はもちろん、これから製造業に挑戦したいと考えている企業にとっても役立つ内容なので、ぜひ参考にしてください。

と言っても、今すぐメーカーになれとは申しません。

起業したばかりで資金に余裕がなかったり、今はEC市場に慣れるだけで手いっぱいだというのなら、2～3年経験を積んだ後に再度検討するのでも十分です。

私自身、メーカーになる前の輸入販売業をやっていた時代の経験も、決して無駄ではなかったと実感しています。

ただ、やっていることは輸入販売業であっても「ゆくゆくはメーカーに」という意識は持ち続けてください。**その意識があるかどうかで、見えてくるもの、吸収できるものが違ってくるからです。**

「売る」ことではなく「買ってもらう」ことを考えなさい

メーカーとして「ほんとうにいいものを、お求めやすい価格でご提供」できるようになると、だんだんと「売ること」を考えなくて済むようになります。当社でも、創業直後は営業力で売上を作っていましたが、今では営業担当は一人も置いていません。営業なんてしなくても買ってもらえるようになったからです。

かつての当社が「売るための努力」に時間と労力を割いていたのは、輸入販売業の企業には、それくらいしかできることがなかったからです。

メーカーであれば「何を作るか」で勝負できますが、当時は仕入れたものを売るしかなかったので、創意工夫のベクトルは常に売上のための仕掛けづくりに向いていました。

しかし、メーカーになってからは考え方がガラリと変わりました。

「どうすればお客さんはこの商品を手に取って喜んでくれるだろうか」

「開けた瞬間に感動できるのはどんなパッケージだろう」

「どういう世界観の商品ならSNSで紹介したいと思ってもらえるか」

そんなふうに「売る」のではなく「買ってもらう」ための方法に目が向くようになったのです。

結果、商品やサービスの品質が上がり、さらに買ってもらえるという好循環が生まれました。

このように、「売る」と「買ってもらう」は似ているようでまったく違います。

ぜひこの違いを認識し、**「売る＝仕掛けを作る」ことではなく「買ってもらう＝いいものを作って喜んでもらう」**ための努力をしてほしいと思います。

「売れない商品は今すぐ廃棄しなさい」と言う理由

ここで一度、冒頭でご紹介した美容師さんの事例に話を戻しましょう。

「最高のシャンプー」を携えてEC市場に乗り込んだものの、マーケティングを一切していなかったため当然売れず、大量の不良在庫を抱えて困り果てていた、あの美容師さんです。

彼が知りたかったのは、おそらく「在庫のさばき方」だったのでしょう。

どんな販路で、どれくらい値下げし、どんなキャッチコピーをつけて売り出せばいいのか。

それを教わるために、ECコンサルである私のところに相談にいらしたのだと思います。

たしかに一般的なコンサル会社なら、そういう「売るため」のテクニックを伝授するでしょうし、私もその気になれば、起死回生を狙える方法を伝えることはできました。短期的な売上を上げるのであれば、サムネイルやパッケージの作り方を助言することで実績を上げることはできます。

しかし、私が彼に指示したのは、在庫を売りさばくことではなく、「廃棄」することでした。

「売れないものを無理して売るくらいなら捨てた方がいい」と、きっぱり申し上げたのです。

売れないから捨てるなんて、非建設的だと思われますか？

私は、売れない商品を小手先のテクニックで売り続ける方がよっぽど非建設的だと考えています。

美容師さんが作ったシャンプーは、ご本人にとっては最高のシャンプーだったかもしれませんが、消費者から必要とされていない時点で「いいもの」とはいえない商品でした。

「いいもの」ではない商品を売ろうとしたら、どこかで嘘をつかねばなりません。

実力では勝負できないから、キャッチコピーや画像の力で実力以上によく見せるのです。

するとどうなるか――。

「画像と現物が違う」「説明書きどおりの結果にならない」などと不満を抱くユーザーが続出し、商品レビュー欄はマイナス評価で埋め尽くされて、ただでさえ売れない商品が、いっそう売れなくなってしまいます。

そうなったらもう値下げと広告に頼るほかありません。価格を極限まで下げ、広告を打ちまくって、どうにか在庫を減らせたとしても、それで利益が出るかといえば、まず出ないでしょう。

価格競争と広告の乱発は、経営的にはとてもしんどい選択なのです。

おまけに嘘まみれのキャッチコピーを作るにしても、広告を打つにしても、誰かがその作業をタダでやってくれるわけではなく、必ず労力が必要になります。

市場が求めていない商品を無理やり売るために貴重な労力や広告費を使うなんて、無駄以外の何物でもありません。 やらされる担当者だって、そんな敗戦処理みたいな仕事は楽しくないでしょうし、虚飾にまみれたＬＰ（ランディングページ）を作るのはストレスのかかる作業だと思います。

不良在庫をさばくことにリソースを割くくらいなら、きっぱりと処分した方が幾分マシというものです。

その後は、ＥＣから撤退するもよし、まだＥＣに情熱があるのなら、今度は入念なマーケティングから始めて「ほんとうにいいものを、お求めやすい価格でご提供する」ことを目指せばいいのです。

廃棄できない自社商品は「クラウドファンディング」に頼るのが1つの選択肢

売れない不良在庫を処分するとなったら、次に考えるべきは処分の仕方です。

もっとも手っ取り早いのは捨てることですが、この場合は廃棄物処理業者に依頼するなどの経費がかかる上、まだ使えるものを捨ててしまうのはもったいなく、SDGsの精神に反すると抵抗感を覚える方も少なくないでしょう。

かといって、メーカーの不良在庫などを買い取る業者に叩き売るのも、あまりいい選択肢とはいえません。いくらかお金が返ってくる分、廃棄するよりマシに思えるかもしれませんが、そうした業者に払い下げた商品がB級品として格安で市場に出回るのは、あまり気持ちがいいことではありません。

適当に仕入れてきた品物ならともかく、自社の社名やブランド名が印字されたオリジナル商品であればなおのこと、**自分で自分の価値を下げるようなマネはしたくないものです。**

そこでおすすめしたいのがクラウドファンディングです。

ストーリーの見せ方次第では、ブランドの価値を落とすどころかイメージアップにつなげられる可能性もあるからです。

クラウドファンディングというと、新商品開発や新規プロジェクトのための資金を集める場というイメージが一般的だと思いますが、最近では商品のプロモーションやテストマーケティング、さらには訳あり品の処分などに活用されるケースも増えています。

販売したい商品をプロジェクトという形で掲載し、支援をしてくれた人に、その対価として商品を送るというスキームです。

このような購入型クラウドファンディングは、ネット通販に近い感覚で利用されることもありますが、一番の違いは、支援（購入）の動機です。

一般的なネット通販では、商品のスペックやデザイン、価格などが購入の決め手になるのに対して、**クラウドファンディングでは、開発者の想いや社会貢献といったストーリーに重きが置かれる傾向にあります。**単にその商品が欲しいというよりも、売り手の理念や考えに共感し、応援したいと思うから支援（購入）するのです。

クラウドファンディングでの在庫処分に成功している会社は、例外なくストーリーの作り方や見せ方に長けています。

たとえば「新品だがちょっとした瑕疵があり、廃棄処分するしかないアウトレット品のバッグを格安で譲る」という案件では、「廃棄処分はエコではない！」と訴えた上で、売上個数に応じて日本赤十字社に寄付をする旨を明記。結果、目標金額20万円に対して１００万円近い支援金が集まりました。

あるいは「コロナ禍で休業を余儀なくされ、大量にあまった餃子の在庫を処分したい」という案件でも、50万円の目標に対して倍以上の支援がありました。

このケースでは、一生懸命に育ててきた店舗がコロナ禍で危機に瀕している現状を明かして、「大切な餃子を廃棄処分したくないから支援してほしい」と訴えたことが成功につながりました。

くだんのシャンプーも、「これだけの経歴を誇る凄腕の美容師が、既存のサロンシャンプーには満足できず、有効成分を贅沢に配合したこだわりのシャンプーを開発したが、作りすぎてしまったので格安で処分したい」といったストーリーをうまく見せることができれば、美容師本人や商品の格を落とすことなく処分できる可能性は大いにあるでしょう。

しかも、クラウドファンディングには「身近な知人にすすめやすい」という利点もあります。

いくら親しい相手でも、面と向かって「シャンプーが売れ残っているから買ってくれませんか」と頼むのは気が引けますが、「クラウドファンディングを始めたから、良かったら応援してください」という声のかけ方ならお互い負担になりません。

一つだけ注意したいのは、クラウドファンディングで在庫を処分する際は、利益を求めてはいけないということです。具体的には、プラットホームに支払う手数料と送料だけもらい、自分たちの儲け分はゼロにするのです。

ここで儲けようと思ったら、話が全然違ってきます。

価格は最低限に設定してください。

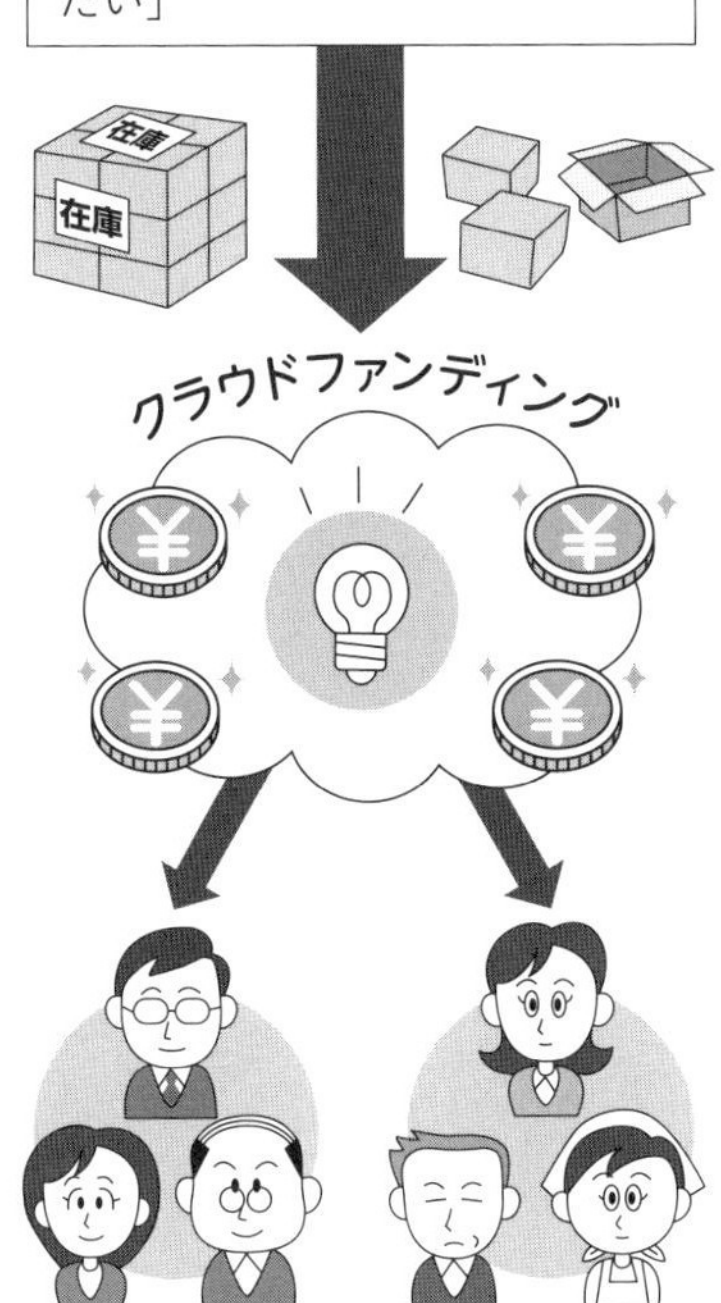

第2章
いい商品とは「市場がある商品」

いいものとは「売れているもの」だと心得よ

どこからかものを仕入れて販売するにせよ、自社オリジナルの商品を作って販売するにせよ、一時的に売れるだけではなく、長期的に売れ続けるための絶対条件は「いいもの」を扱うことです。私の会社でも「ほんとうにいいものを、お求めやすい価格でご提供する」をモットーに、「いいもの」だけを売るように心掛けています。

では「いいもの」とは、具体的にどんなものなのでしょうか？

品質、価格、性能、オリジナリティーなど、いいものの条件は多々ありますが、売り手側がもっとも重視すべきポイントは「**売れているかどうか**」です。

売れているということは、多くの人から求められているということだからです。

逆に言えば、売れていないもの、市場がないものは、それ以外の条件がいくら揃っていても、まず売れません。

売れているものの探し方、売れているかどうかの見極め方については本章で追って解説していきますが、ひとつ例を挙げるとすれば、ECモールでどこも広告をかけていないカテゴリーの商品は間違いなく「売れていない」と判断できます。

たとえば楽天市場では、カテゴリーやキーワードで検索したとき、通常はタイトル冒頭に「PR」と記載された広告アイテムが上位に表示されます。

これがまったく出てこないカテゴリーやキーワードの商品は、まず売れません。誰もPRをかけていないということは、かけなくても売れるからではなくて、いくらPRしても売れないからそうなっているのです。

よほどの覚悟がない限り、こういうカテゴリーに手を出してはいけません。

超大手企業が資本にものを言わせて自社で流行を生み出す、というなら話は別ですが、一般的には、売れていないものはいくら品質やデザインを工夫したとしても、やっぱり売れないのです。

つまり輸入販売にしても自社開発にしても、「売れていない＝市場がない」商品については、検討するだけ時間の無駄ということになります。

そのため商品を企画・開発する際は、まずは**市場調査からスタートするのが鉄則です。**

「こういう商品はどうかな」と当たりをつけた商品について「売れているかどうか」、「市場があるかどうか」をリサーチし、手応えがあったときだけ、次の段階である不満のリサーチに進むのです。

私の会社でも、商品開発は「市場があるもの」を探すことからスタートします。

市場があり、自社で開発ができそうな商品が10アイテムほど見つかったら、各アイテムについて不満のリサーチをおこない、当社がお役に立てる余地があるかどうかを検討するという手順です。

本章では、このうち主に前半、すなわち市場調査のフェーズについて、調べ方や考え方、判断基準などを具体的にご紹介していきます。

「オンリーワン」は優位性ではない

消費者がものやサービスを買うのは、そこに「買う理由」があるからです。

いくら企業側がいい商品を提供しているつもりでも、消費者が「この店で、この商品を買う理由」を見出すことができなければ、購入には至りません。

買う理由があるということは、**言い換えるなら商品に「優位性」があるということです。**

何が優位性になるかは、商品やマーケットによって異なります。

性能や耐久性といった機能的な優位性が強く求められるジャンルもあれば、デザインや価格、サポートの充実度が決定要素になることもあるでしょう。

ただし、どんなジャンルでも**「世の中にまたとないオンリーワン商品」というのは、実はほとんど売れません。**オンリーワンは差別化にはなるけれど、優位性にはなりにくいからです。

世の会社の多くが、ここを勘違いしています。

ものがあふれている現代だからこそ、差別化しなければ消費者の目に留まらないと考え、目新しいことをしようとする。誰もやっていないアイディアを思いついたら「これこそブルーオーシャンだ！」とばかりに飛びついて、オンリーワンの商品を作ってしまう。そして例外なく失敗するのです。

先日コンサルを手掛けたレストランA店も、そのパターンで失敗しかけていました。

A店では「ビストロの味をご家庭でもお楽しみいただきたい」というコンセプトのもと、近江牛を使ったトリュフ入りの「極みハンバーグ」をネットで売り始めたそうです。

ところが売れ行きが想定をはるかに下回ったので、何が悪いのか、どうすればいいのかを教えてもらおうと、私のところに相談にいらしたのです。

そこで手始めに、そうした高級ハンバーグにどれだけ市場があるかを調べるために「極みハンバーグ」や「トリュフ入りハンバーグ」などのキーワードで検索したところ、ヒットするにはするけれども数が少なく、どれも売れていないことがわかりました。

店主は「世の中にない独自性の高い商品なら、欲しい人がみんなウチで買うから売れるはず」という皮算用があったようですが、そもそも「極みハンバーグ」や「トリュフ入りハンバーグ」は探している人が少ない、求められていない商品だったのです。

そうなると路線変更が必要になります。

具体的な手法は本章で追って説明しますが、A店の今後の方向性を探るために市場のリサーチを行った結果、ネットで売れるハンバーグは「激安」か「贈答用」のどちらかにほぼ限定されることがわかりました。

特に楽天市場ではハンバーグが20~30個ほど入った大量セットが人気で、中には月700万円売れている商品もありました。

というよりも、家庭向けハンバーグで売れているのはこの手の激安セットのみであり、A店が狙っていたような「家庭向け高級ハンバーグ」というのはニーズがまったくないことがわかったのです。

とはいえ、A店がこの激安ハンバーグ市場に参戦するのは得策とはいえません。

もともと中~高級路線の店舗なので、激安品を作るためにわざわざ安い材料を仕入れるのはリスクがあるし、かといって近江牛やトリュフを使った商品を安く提供することも不可能だからです。

そこでA店は、贈答用に特化した高級ハンバーグセットを改めて開発することになりました。

いわば自社が唯一勝負できる道を見つけたわけで、同店の贈答セットは大ヒットとまではいかないものの、安定的に売れ続けているようです。

余談ではありますが、先日YouTubeで何気なく「青汁王子が通販会社のコンサルをする」という趣旨の動画を見ていたところ、ドッグフードならぬ「ドッグスープ」を開発・販売している会社に対して「ドッグスープなんて市場がない商品はやめた方がいい」と一刀両断していました。

彼の指導には私も大賛成で、すでにドッグフードで成功している大手企業が横展開として挑戦するならまだしも、知名度もブランド力もない中小企業が手を出していいジャンルではありません。

それに対して会社側は、そのスープがいかに犬にとって有益であるかを必死で説明するわけですが、いくら自分たちが「いいもの」だと信じていても、市場で求められていないものは「いいもの」とはいえません。

Ｗｅｂマーケティングの世界では基本中の基本でも、理解していない人がまだまだ多いということを、改めて実感させられた動画でした。

いくら売れていても瞬間的なトレンドに飛びついてはいけない

売れているジャンルで勝負をかけるのがＷｅｂマーケティングの鉄則ではありますが、私には「いくら売れていても絶対に手を出さない」と決めている商品があります。

それは、今現在は爆発的に売れているけれど、数ヵ月後にはブームが終息することが確実視されている商品です。

一番わかりやすい例は「マスク」でしょう。

新型コロナウイルス感染症が流行し始めた２０２０年前半は世界中がマスク不足に陥り、ドラッグストアやスーパーには連日マスクを求める人の大行列ができていたし、ネットでも1箱50枚入りのマスクが３０００円前後で飛ぶように売れていました。

この空前のマスク景気に、それまでマスクなど一切扱っていなかった会社もこぞってマスクの製造・販売に乗り出しましたが、私は動きませんでした。

理由の一つは、博打に近い商売だと思ったからです。

当時はマスク需要がいつまで続くか見通しが立たなかったし、マスク工場はどこもフル稼働だったので、注文したところで納品がいつになるかもわかりませんでした。

張り切って大量発注したものの、届く頃には誰もマスクを欲しがらない可能性も十分にありえたのです。

実際、ほんの少しのタイミングで泣きを見た業者は少なくありませんでした。

高値で売り抜けて大儲けした会社があった一方、入荷がほんの1週間遅れている間に価格が暴落し、大損した会社もありました。

個人経営の会社なら、イチかバチかで勝負に出るのもいいかもしれません。

たとえ失敗して大量の不良在庫を抱えることになったとしても、困るのは自分だけで、他人に迷惑をかけるわけではないからです。

でも、守るべき従業員がいる会社が博打に出るのはリスクが大きすぎます。

ブームの先行きが読めないというリスクもさることながら、私がこの手のトレンド品に手を出さない一番の理由は、**継続性がない**からです。

たとえ短期間しか売るつもりがない商品でも、売り出すからにはそれなりのＬＰやサムネを作って優位性をアピールしなければなりません。

マスクの場合は、正直なところ「マスクなら何でもいい」という空気ではありましたが、それでも最低限のクリエイティブは必要です。ほんの一時期しか使わないクリエイティブに時間やコストを投資するなんて、どう考えても効率的ではありません。

何よりも、会社の安定のためには長期的・継続的に利益を取っていくことが重要になります。

粗利率の高いトレンド商品を売って急激に利益が出たとしても、2〜3ヵ月後にはもうその利益がなくなってしまうというのは、経営的にはマイナスです。

かといって「マスクがダメになったから次」というように常にトレンドを探し続けるのも相当な労力がかかります。

おまけに、そんなふうに目先のことばかり考えていると、**会社としての理念や方向性といった長期的な戦略を考える余裕がなくなって、結局のところ会社のためにならないことが多いのです。**

プロダクトライフサイクルの流れを変えろ

私がトレンド商品に手を出さないのは、「ＰＬＣ」（プロダクトライフサイクル）のマネジメントを重視しているからでもあります。

ＰＬＣとは、商品の販売がスタートしてから販売終了までの間のことで、導入期、成長期、成熟期、衰退期に分類されます。

一般的な商品では「図１」のように、導入期から成長期、成熟期まで売上・利益は右肩上がりでぐんぐん上昇し、衰退期に入ると急激に落ちていきます。

ところが当社の商品の多くは「図２」のように、急激な成長もないかわりに落ちるのもゆるやかです。つまり成長期、成熟期が長く続き、なかなか衰退期がこない、衰退しても落ち方がゆるやかだということです。

■図1：一般のプロダクトライフサイクル

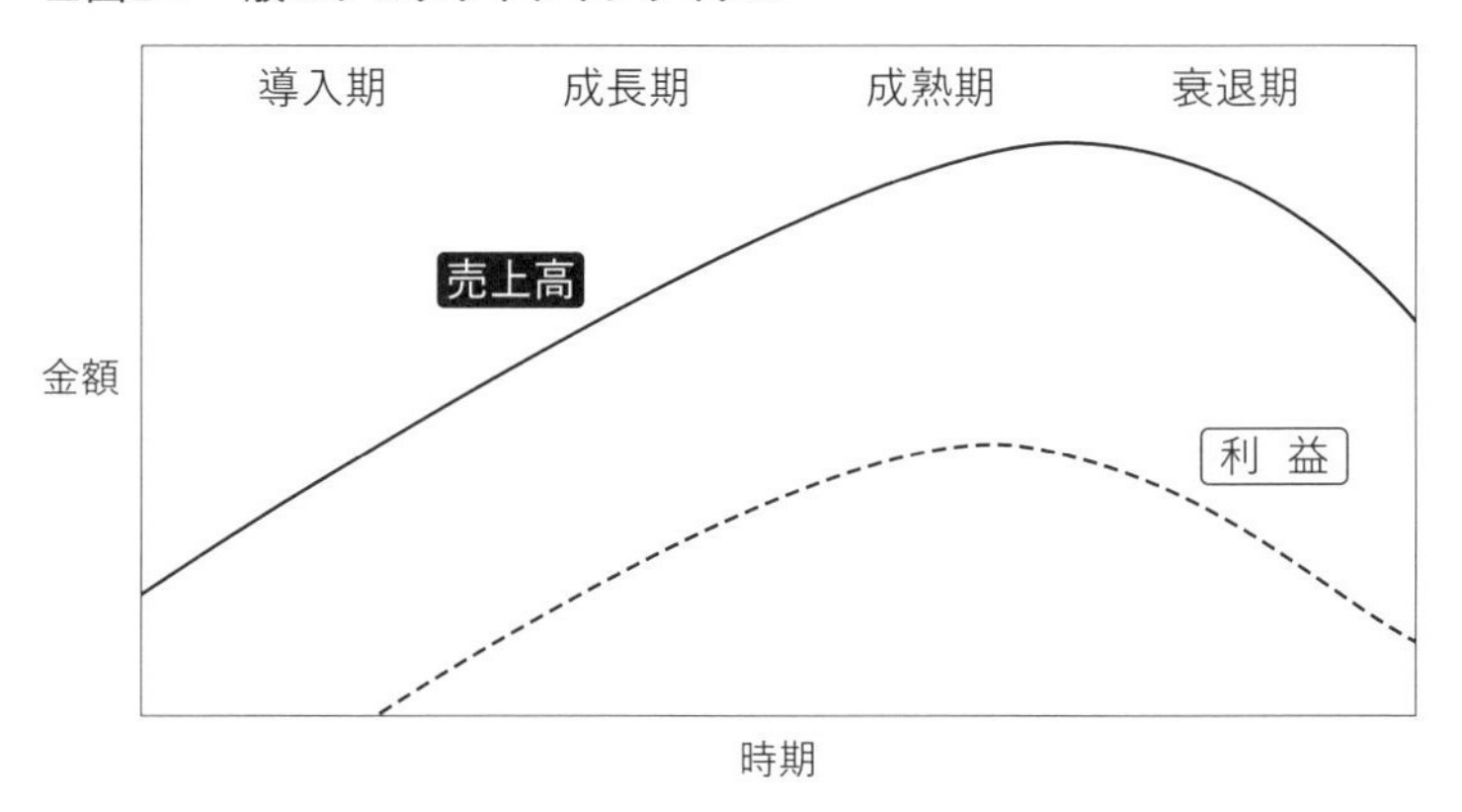

■図2：著者の事業のプロダクトライフサイクル

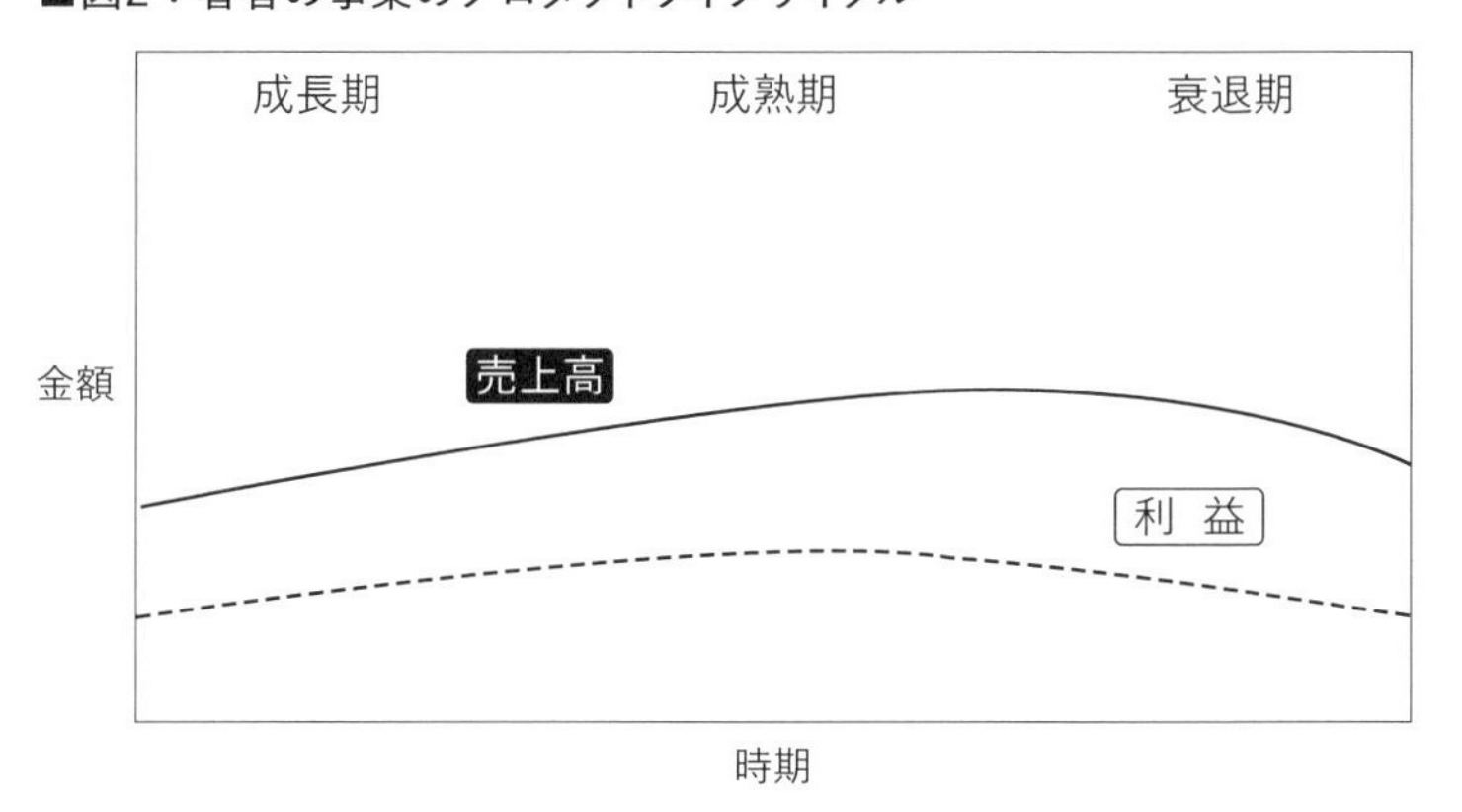

一つの商品を長く売り続けることができれば、商品開発やＬＰ作成などの手間は確実に少なくなります。逆にＰＬＣが短い商品だと、次から次へ、手を変え品を変え、新製品を出し続けなければならないし、そのたびにゼロからＬＰなどを作る必要があるので、経費がかさみます。

「売れているのに利益が残らない」、「人手が足りない」という悩みは、ＰＬＣの短さに起因していることも多いのです。

では、どうすれば息の長い商品ができるのか？

答えを述べる前に、まずはＰＬＣが衰退を迎える原因を確認しておきましょう。

最大の要因は市場の変化で、特にマスクのようなトレンド商品は、ブームが終わればいやおうなしに衰退期に引き込まれていきます。

また、他社の動向も大きく影響します。

競合がバージョンアップした商品を売り出したり、価格を下げたり、ＬＰやサムネを改善したりすると、こちらの商品の魅力が相対的に低くなり売上が減少するのです。

これを防ぐためには、**常に競合の動向をチェックして対策を講じる必要があります。**

たとえば相手が商品を改良したら自社でもリニューアルを検討し、あちらがＬＰを変えてきたらこちらも刷新するといった具合です。もちろん自社で何か新しいアクションを起こしたときは、ＣＴＲ

（広告がクリックされた回数を表す指標）やＣＶＲ（コンバージョン率）施策も見直していく必要があります。

しかし、それ以上に重要になるのが**ブランディング**です。

いい商品といい理念を追求してゆるぎないブランドを確立すれば、他社からの影響を最小限に抑えることができるのです。

ここまでくると本章のテーマである「市場調査」から離れすぎてしまうので、ブランディングに関しては本書の後半で改めて扱うこととします。

まずは自分の趣味・嗜好に近いジャンルから探してみよう

市場調査に話を戻しましょう。

どのジャンルで、どんな商品が売れているかをリサーチする際は、自分の趣味・嗜好に近いジャンルからアプローチするのがいいでしょう。キャンプを趣味にしているならアウトドア用品、子育て中の方ならベビー用品というように、普段から消費者として接しているジャンルの方が、まったく知らない商品よりは興味深くリサーチできるし、ものの良し悪しも判断しやすいからです。

いち消費者としてネットショッピングをするときは、探している商品をダイレクトに検索することが多いでしょうが、リサーチの際はジャンル全体を俯瞰的に見るようにしてください。

そうすると今まで知らなかった意外な売れ筋が見つかるというのはよくある話だし、**興味がある**

ジャンルだからこそ「これは便利そうだ」、「売れそうだ」といった嗅覚も働くでしょう。

当社でも、今でこそ女性向けの財布からクリスマスツリーまで幅広いアイテムを扱っていますが、創業当初は生活雑貨やカー用品、アウトドアグッズなど、私にとって身近な商品を中心に商品を揃えていました。その方が楽しく、評価もしやすいからです。

自社で取り扱ったことがない、新しい商品に手を出す場合は、その商品を誰に担当させるかも考えておきましょう。

誰だって、まったく興味がない商品よりは、自分が好きなアイテムを担当した方がやる気が出ます。特にメーカーの場合は、**担当者がその商品に惚れこんでくれなければ「いいもの」は作れません。**

当社でも、新ジャンルを開拓するときは必ず「誰に担当させるか」をセットで検討し、適任者がいなければアイデアを放棄することもあります。

たとえばサプリメントは好みが分かれる商品で、美容と健康のために積極的に活用している人もいれば、サプリなんて必要ないという人もいます。

サプリに否定的な人にサプリ商品を任せたとしても、うまくいくはずがありません。

当社がサプリ専門店を立ち上げ、軌道に乗せることができたのは、サプリが好きなスタッフがいたおかげです。

はじめは「法律が絡まないもの」で勝負すべし

いくら好きなジャンルでも「法律」が絡むアイテムは、最初はできれば避けた方がいいでしょう。知識が必要な上に手間がかかり、コストもかさむからです。

法律対策が難しい商品の筆頭に挙げられるのが化粧品です。ご存知の方も多いでしょうが、化粧品は薬機法（旧・薬事法）の規制対象で、広告や商品ページで標榜していい効果・効能は厳密に決められています。

たとえばLPで「シミが消えます」などと書くのは絶対にNGで、その場合は「日焼けによるシミ、そばかすを防ぎます」など、法律で認められている表現に言い換えねばなりません。

必然的にキャッチコピーはどこも似たり寄ったりになり、優位性をアピールするのが難しいのです。

健康食品やサプリメントは薬機法上の定義はないものの、「脂肪の吸収をおだやかにします」といった効果・効能をうたって販売すると法律上、医薬品とみなされます。

また、食品衛生法や景品表示法にも引っかかる可能性があるので要注意です。

電気製品も独特の難しさがあります。

まず、電気製品を製造または輸入する際は、電気用品安全法が求める安全基準をクリアする必要があるし、製品の識別情報や取り扱い方法など、必要な情報を表示することも求められます。

数年前、リチウムイオンのモバイルバッテリーがブームになり、いろんな会社がこぞって輸入・販売していた時期がありましたが、バッテリーが高温になり発火する事故が頻発したことで、取扱業者は激減しました。

そういう不良品を販売し、もし火事でも起こそうものなら、賠償責任に加えて全品回収というペナルティが課されます。

たまに大手家電メーカーがテレビで「何年製の何型ストーブを探しています」といったＣＭを流していますが、そんな涙ぐましい努力を全品回収するまで続けなければならないのです。

このように電気製品はリスクが高いので、ほんとうに安心・安全な商品を作る自信がない限り、手を出すべきではありません。

食品衛生法も要注意で、食品そのものはもちろん、食品に使用する器具や包装も対象となり、さまざまな規制を受けます。

たとえば最近流行のタンブラーやドリンクカップを扱うとなったら、ほとんどの人は「1種類ではつまらない。どうせなら色違い・柄違いもラインナップしよう」と考えるでしょう。ところが食品衛生法では塗装を変えるだけで別商品とみなされるので、10色作ったら10回検査を受けなければなりません。もちろん検査費用は自己負担です。

そうした知識がないまま走り出し、後から「しまった!」ということにならないよう重々注意してください。

法律以外で注意すべきは、商品のサイズです。

かさばるものは送料が高くつく上に置き場にも困るので、最初のうちは小さ目の商品からスタートした方が無難です。

また、最初は大量生産ではなく、小ロットで生産できるアイテムを選ぶことも重要になります。

なお、ここで述べた内容は、すべてEC初心者の方への指南です。

メーカーやEC事業者としてある程度の経験がある場合は、むしろ「法律が絡む商品」や「大き目の商品」、「ロット数が多い商品」にも果敢に挑戦してほしいと思います。**そうした商品は皆が避けるので参入障壁が高く、競合が少ないという利点があるからです。**

まずはGoogleトレンドで市場規模をチェック

市場規模、すなわち消費者のニーズを調べる方法はいくつかありますが、まずは手軽な方法としてGoogleトレンドの使い方をマスターしておきましょう。

Googleトレンドは、キーワードの検索需要の推移や、現在の人気キーワードなどを調べるツールで、これを使えば「世間一般の人々がどんな情報を欲しがっているか」がわかります。

利用は無料で、アカウント登録も必要ありません。

使い方も簡単です。

まずGoogleトレンドにアクセスしたら、左上のメニューから「調べる」を選び、キーワードを入力します。すると、そのキーワードの検索需要の推移がグラフで表示されるという仕組みです。

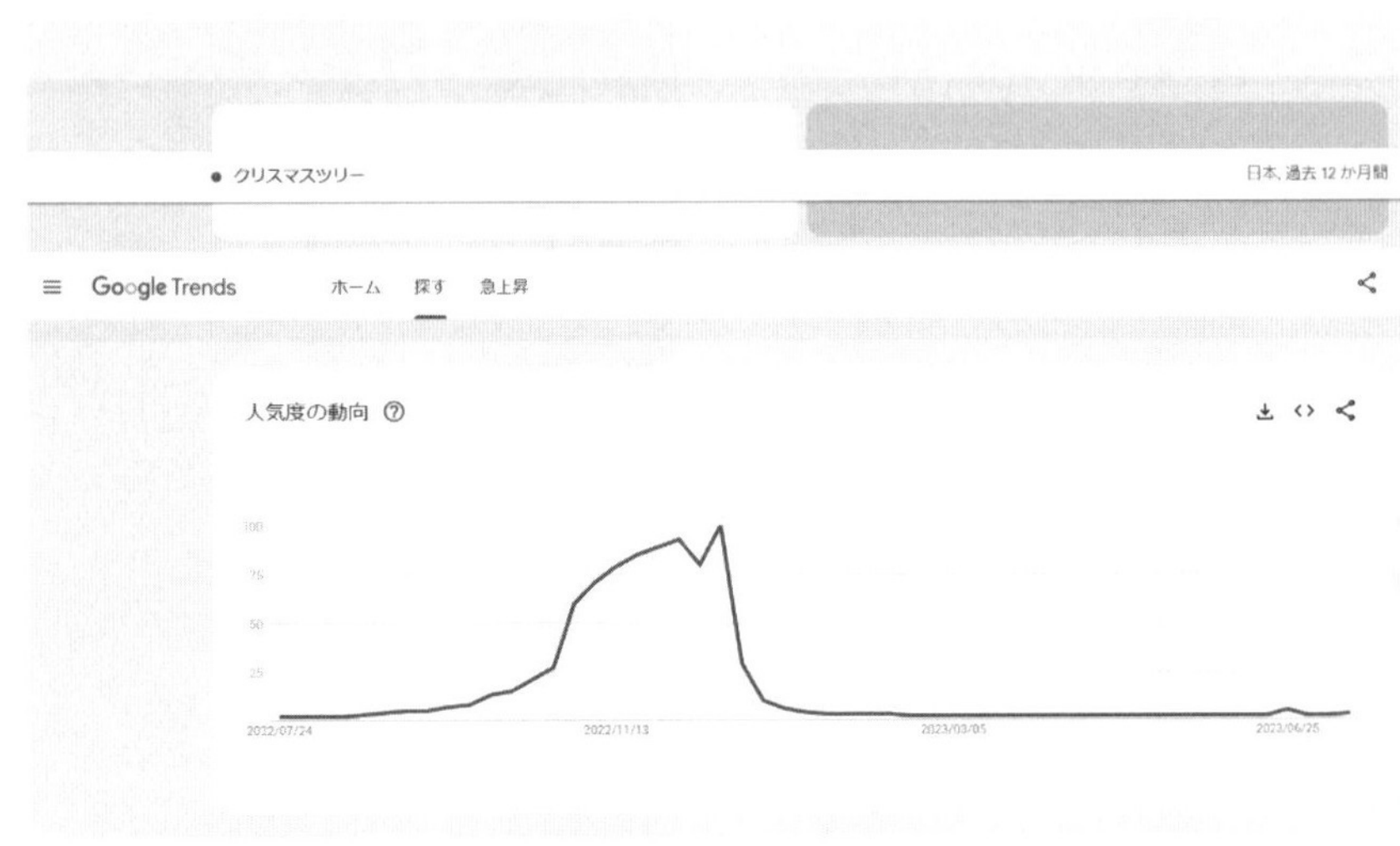

検索キーワード「クリスマスツリー」、期間12ヵ月間のグラフの例

ただし、ここで表示される数値は、その抽出データにおける最高値を100とした場合の相対的な値になります。そのため、数値が大きいからといって、検索ボリュームが大きいというわけでないので注意が必要です。

では、その相対的なデータをマーケティングにどう生かすというと、主に三つの用途が考えられます。

一つは**「今の市場価値」と「真の市場価値」を見極める**ためです。

「今の市場価値」というのは、読んで字のごとく、現時点での市場価値をいいます。類似商品の商品名で検索したときグラフが急上昇していたら、その商品は今まさに市場価値が高まっていると判断できます。

しかし、今からトレンドを後追いして類似商品を作ったとして、工場から届くのは早くて数ヵ月後です。

そのときも、はたしてその商品は売れているでしょ

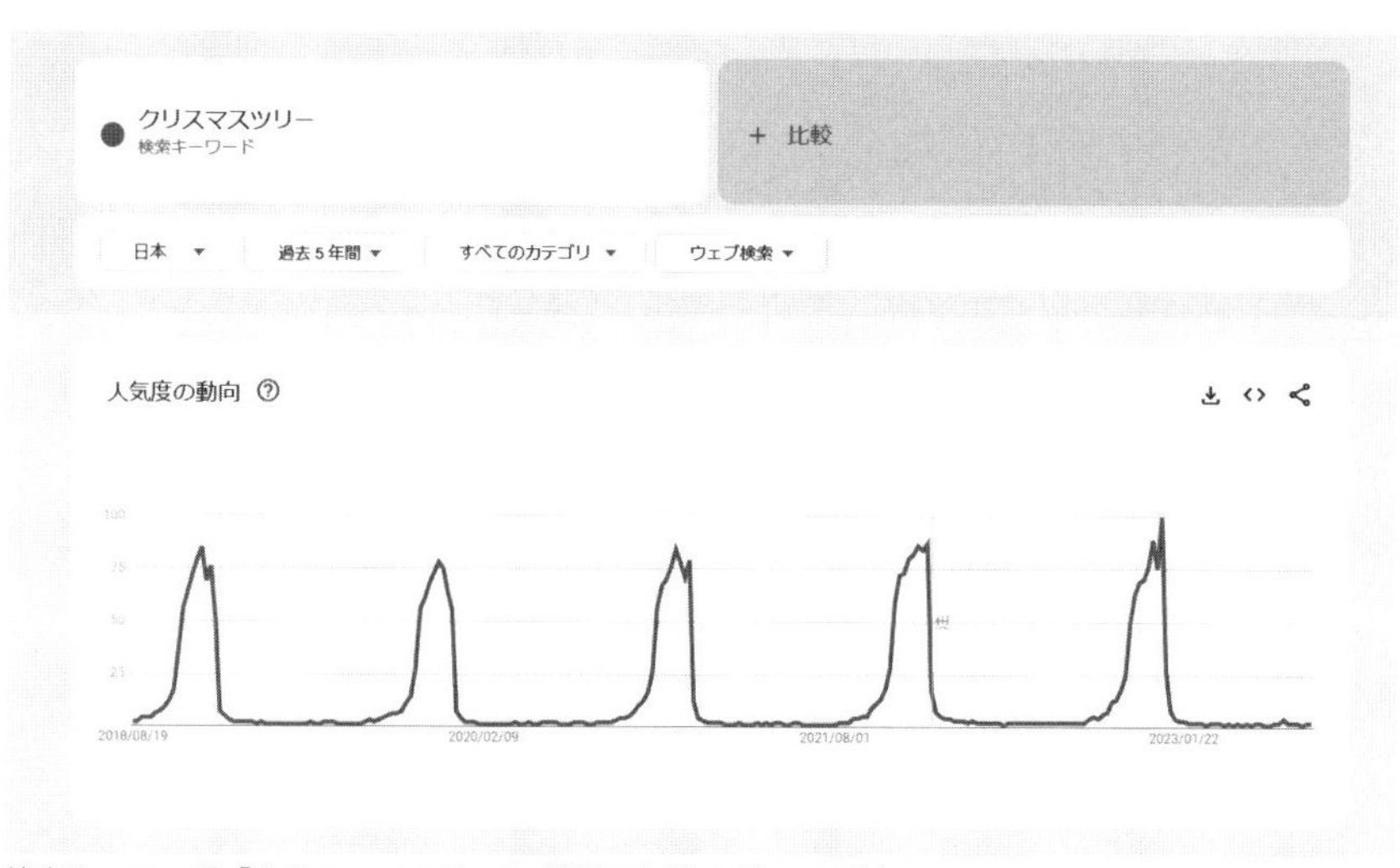

検索キーワード「クリスマスツリー」、期間５年間のグラフの例

うか？

競合がこぞって参入したことで値崩れが始まっているのではないでしょうか？

数ヵ月後、自社が参入した時点での市場価値こそが「真の市場価値」なのです。

数ヵ月後の「真の市場価値」を１００％正確に見通すことは神様にしかできませんが、Googleトレンドを使うことで、ある程度の予測を立てることは可能です。

Googleトレンドの検索期間を5年間に設定し、需要の波を見るのです。

どんな商品でも、５年間ずっと同じペースで売れ続けるということはなく、需要は必ず上下します。一般的な商品の場合は、上がれば上がった分だけ下がり、時期が来ればまた上がるというのを繰り返します。しかし、中には下がったら下がったまま、もう盛り返してこない商品もあります。それが**一過性のトレンド商品**です。

そうした商品のグラフには共通点があります。ゼロに近かった検索数があるとき急上昇し、ピーク後は急下降して、後は盛り返すことなく平坦になるのです。

上昇しているタイミングで参入できればおいしい市場になりますが、トレンドが下がりかけていたら手出しは禁物です。商品が届く数ヵ月後には市場はすっかり落ち着いて、値下げ合戦がはじまっていることでしょう。それがその商品の「真の市場価値」というわけです。

正直に言えば、波の下降が正常な範疇にあるのか、二度と盛り返さないサインなのかを見分けるのは難しく、勘に頼る部分もあるのですが、その勘を磨くためにも、日ごろからGoogleトレンドをチェックする習慣をつけることが大事なのです。

Googleトレンドの二つ目の用途は、**商品（キーワード）の季節ごとの需要変動を見る**ことです。

たとえば検索期間を12ヵ月間に設定して「クリスマスツリー」で検索すると、9月下旬から需要が増え始め、クリスマス直前の1週間をピークに、クリスマスを過ぎるとガクッとボリュームが落ちることがわかります。

そのため、クリスマスツリーを売るとしたら多くの人が探し始める9月頃から広告をかけるのがいい、といった判断ができるわけです。

第三の用途は、**検索需要の比較**です。

前述のとおりGoogleトレンドの数値は相対的なもので、実際の検索回数を把握することはできませんが、最大5個のキーワードを比較できるので、商品Aと商品Bならどちらが市場が大きいかを測る目安にはなります。

たとえば「ヘアアイロン」と「ドライヤー」で検索すると、ヘアアイロンの検索ボリュームはドライヤーのおおむね半分であることがわかります。

このデータをどう捉えるかは、考え方次第です。

「ドライヤーの方が市場が大きいなら、ドライヤーを売ろう」と判断する会社もあれば、「ドライヤーはすでに普及しているから新規の需要は少ない。それよりもヘアアイロンの検索ボリュームがじわじわと伸びている点を評価し、こちらに参入しよう」と考える会社もあるでしょう。

Googleトレンドのデータだけで方針を決めるわけではなくとも、判断材料の一つにはなるはずです。

Ubersuggest（ウーバーサジェスト）で検索ボリュームをチェック

Googleトレンドのような相対的な検索ボリュームではなく、検索された実回数を調べたいときに便利なのがUbersuggest（ウーバーサジェスト）です。これはアメリカのマーケターが開発・提供しているSEO対策ツールで、その名のとおりサジェスト（関連キーワード）の抽出がメイン機能ですが、検索ボリュームの実数チェックにも使えます。

こちらも使い方はとても簡単で、トップページにある検索窓にキーワードを入力するだけ。するとそのキーワードの月間検索ボリューム、SEO難易度（競争の激しさの指標）、有料難易度（有料検索の競合分析結果）、Google広告のクリック単価に加え、キーワード候補やコンテンツ候補が表示されます。

私の経験則では、**検索ボリュームが1万を超えていたら及第点**で、それだけ検索されていれば、広告をかけても高確率で費用対効果が得られます。反対に検索ボリューム1万未満だと、いくらいいものを作ったところで検索数が少ないため、販売するのにより労力が必要になってくると判断できます。

なおUbersuggestは無料版でもほとんどの機能を利用できますが、キーワード検索が1日3回までという制限があります。これでは業務用ツールとしては少々心もとないので、無料版を試して使い勝手がいいと感じたら、有料版へのアップグレードも検討してください。

楽天やAmazonの「ランキング」に注目せよ

ECモールへの出店を考えている方に絶対やってほしいのが、楽天市場やAmazonのランキングのチェックです。

GoogleトレンドやUbersuggestが世の中全体の動きを見るのに対して、こちらは自分たちが今まさに戦っている場所で何が売れているか、当該モールの顧客がどんなものを求めているかを写し出す、もっとも身近で重要なデータといえます。

日本一売れているECモールである楽天市場を例に説明すると、楽天のランキングには「期間」と「ジャンル」の要素があり、その期間・そのジャンルで売れているものが1位から順に表示されます。

期間は「月間」「週間」「デイリー」「リアルタイム」の4種類で、デイリーランキングは前日のデータを集計して朝10時に更新、リアルタイムは15〜20分ごとに更新されます。

デイリーやリアルタイムのランキングには、広告やメディアの影響で瞬間的に売れただけのものも入ってくるので、市場調査として売れ筋を調べる場合は、週間・月間ランキングを中心に見ていくのがいいでしょう。

ジャンルについては、トップページのヘッダーにある「ランキング」をクリックしてランキングページを開くと、左側のサイドバーにジャンル一覧が表示されるので、興味のあるジャンルを選んで絞り込んでいきます。

楽天のジャンルは「メンズファッション∨トップス∨ワイシャツ」というように、大分類∨中分類∨小分類と細分化されていきます。ジャンルによっては「メンズファッション∨ズボン・パンツ」のように小分類がなかったり、小分類の下にさらに細かい階層があったりします。

いずれにしても、ジャンルが存在するものすべてにランキングがあるので、調査したいジャンルについては、その上位ジャンルまで含めてチェックするといいでしょう。

たとえば「女性用トートバッグの売れ筋が知りたい」というときは、まずは「バッグ・小物・ブランド雑貨∨バッグ∨レディースバッグ∨トートバッグ」のランキングを見て、売れている形や色、ブランド、大きさ、テイストなどをチェックします。

次に階層を一つ上げてレディースバッグ全体のランキングを見ると「バッグ全体の中でもトート

バッグは人気がある」「トートバッグ以外ではスマホポーチが多くランクインしてる」といったことがわかります。

ランキングをチェックする際は、上位30位くらいまでは見るようにしてください。ジャンルにもよりますが、上位30位に入っている商品なら採算が取れている可能性が高く、ベンチマークにする価値があるからです。

このような視点でランキングを見ていると「この商品、うちの会社でもやってみたいな」というものが見つかることもあるでしょう。最初はピンとこなくても、頻繁にチェックしていれば嗅覚も磨かれます。

なお、ランキングページで最初に表示されるのは、楽天の全商品を対象とした「総合ランキング」です。ここに入ってくる商品は楽天の中でも売れ筋中の売れ筋なので、どんなジャンルを扱うか決めていない方や、全般的なトレンドを押さえておきたい方にとっては、ざっと目を通すだけでも勉強になると思います。

競合が多すぎるジャンルを選んでも、勝てるわけがない

本章で繰り返し述べてきたように、ECでは「市場がある＝売れている商品やジャンル」を扱うのが成功への近道です。とはいえ、売れているジャンルには多くの企業が参入してくるので競争は熾烈を極めます。いくら市場が大きくても、競合が多すぎるジャンルでは上位に食い込むことが難しく、成功できる可能性は低くなります。

市場がない商品は論外ですが、競合が多すぎるのもよろしくない。つまり私たちは、**ある程度の市場規模がありつつ、自社が入り込む余地がある、**そんな絶妙な商品やジャンルを探さねばならないのです。

そこで必要になるのが「競合分析」です。

競合分析は「売上」と「マーケティング力」の二方向からおこないます。

まず「売上」については、有料ツールを使えばおおよその数値がわかるので、自社が目指す売上目標を達成するためには、そのジャンルでだいたい何位くらいに入ればいいかを分析します。

たとえば売上目標が月100万円で、10位の商品の売上指標が月80〜120万円程度だとしたら、「10位に入れれば目標を達成できる可能性が高い」と判断するわけです。

そうしたら次に、自社が10位に食い込むことが可能かどうか考えてみます。

自社で商品を企画・開発するとして、現在10位のアイテムに負けないくらいのクオリティーと価格を実現できるのか。それが無理なら、そもそも勝負にならないので、その商品は諦めた方がいいでしょう。

競合と同等以上のアイテムを作れたとしても、それが実際に顧客に受け入れられ、ランキング10位に入れるかどうかは「マーケティング力」にかかっています。

会社の規模は関係ありません。同じくらいの品質・価格なら、マーケティング力がある会社の商品が勝つ。それがECの鉄則です。

ライバル社のマーケティング力の測り方は次項で詳述するとして、ジャンル上位にマーケティング力が高い会社がひしめき合っていたら、新参者がそこに割って入るのは相当難しいと考えた方がいいでしょう。「どうしてもこのアイテムで勝負したい」というこだわりがない限り、別を当たることを検討してください。

サムネやレビューを見ると ライバル社の 「マーケティング力」がわかる

ライバル社がマーケティングに長けた企業かどうかは、検索結果の一覧に表示されるサムネイル（サムネ）をはじめ、タイトル、LP、レビューなどを総合的に見ることでわかってきます。

マーケティングに力を入れている会社とそうでない会社とでは、こうしたクリエイティブの質に雲泥の差があるからです。

ライバル社のサムネやLPを評価するときは、まずは一消費者の気持ちになって感覚的にジャッジしてみてください。

思わずクリックしたくなるサムネはいいサムネで、そう思えないサムネは悪いサムネ――。シンプルではありますが、感覚というのも大事な判断基準です。

一方、いいクリエイティブには理論的な根拠があります。

第5章では、いいサムネやLPの作り方を解説しているので、その法則にのっとったページはいいもので、基本ができていないページは未熟であると判断することも可能です。

この評価基準をふまえてランキング上位のサムネやLPを見てみてください。

どれもこれも魅力的で、特に欠点が見当たらないようなら、そのジャンルは全体的にレベルが高く、よほどマーケティングに力を入れないと生き残れないジャンルだと考えられます。

逆に、大したことがないサムネでも上位に食い込んでいるようなジャンルはねらい目です。

魅力に欠けるサムネの例としては、商品よりモデルが目立っているようなものが挙げられます。特に美容家電ジャンルに多いのですが、よほど有名なモデルでない限り、ものより人を目立たせるメリットはありません。

また、サムネの文字が見づらいもの、読みにくいものも、商品の特長を伝えるという基本的な役割を果たせていないので、いくらデザインがよくても「ダメなサムネ」と認定していいでしょう。

クリエイティブ以外では、レビューの件数・点数も要チェックです。

レビュー件数が数百件を超えてなお★4・5以上の高評価がついているということは、商品のよさもさることながら、それだけマーケティングにコストをかけていることの証でもあります。

また、投稿されたレビューにきちんと対応しているかどうかも注目すべきポイントです。購入者がわざわざ手間をかけてレビューを投稿するということは、文句なり感謝なり、店舗に伝えたいことがあるわけで、何かしらのリアクションを期待していると考えられます。

それを無視しているようではEC店としてはまだまだ二流で、ベンチマークにも値しません。


ランキング上位の売れている店ほどそのあたりは丁寧で、悪いレビューに対してはお詫びや説明を、よいレビューに対してはお礼のコメントを高確率で返しています。


商品が売れ始め、レビュー件数が多くなると、すべてに返答することは難しくなってくるかもしれません。しかし、だとしても少なくとも★2以下のクレームや不満のレビューに対しては、必ずコメントすべきです。

それを放置しておくと、レビュー欄が荒れるなどの二次被害が発生してしまいます。

なお当社のショップでは、レビューへの返信に定型文を使わず、1件1件きちんと個別にコメントしています。この作業にはかなり時間がかかるため、すべてのレビューに返信はできていないのですが、商品や店舗の対応について至極もっともな批判をくださった方や、手間をかけて画像つきのレビューを投稿してくださった方などには、必ずコメントするようにしています。

「ニッチマーケット」に手を出すか？

ECコンサルをしていると、かなりの確率で「自社だけのオリジナリティーあふれる商品で勝負したい」、「ニッチな分野に挑戦してみたい」という相談を受けます。

読者の中にも、「市場がある＝売れているジャンルを狙えと言うけれど、皆と同じなんてつまらない」、「鶏口牛後という言葉があるように、ニッチでもトップを取ればそれなりの儲けになるのでは」と思われている方もおられることでしょう。

そういう方々は「ランチェスター戦略」を想起されているのかもしれません。

弱者が強者に勝つためには、大手が入っていかないようなミクロな市場でNo.1を目指すべしという理論です。

しかし本章で繰り返し述べてきたように、他社がどこもやっていないジャンルや、世の中にない商品というのは、ほんとうに売れません。

これはECだけではなくYouTubeなども同じで、誰もやっていないテーマは誰にも見つけてもらえないので、バズらせることは困難です。

逆に、人気動画に便乗し、サムネやタイトルも人気動画そっくりに寄せた動画は、二番煎じでも百番煎じでも伸びていきます。こうした厳然たる事実がある以上、ECコンサルの責任として、ニッチマーケットをおすすめすることはできません。

そもそも、誰もやっていない商品やジャンルを探してニッチでトップを取るというのは、言うほど簡単なことではないでしょう。

マーケティングを相当勉強してきた私でも、どこにもお手本がない中で商品を開発し、ゼロから売り方を考えていくなんて、正直できる気がしません。

おまけに、そこまでして商品を作ったとしても、ニッチに反応する人は限られているので、爆発的なヒットは望めません。ニッチマーケットは苦労のわりに実入りが少ないので、私は絶対に手を出さないし、私のクライアントにおすすめすることもありません。

もともとそのジャンルに関する専門的な知識があり、広告費もバンバン使って自社で市場を作っていくという気概があるのなら、それはそれで挑戦する価値はあると思います。ただ、それは細く険しい道であることは覚えておいてください。

アンケートで生の声を集めたいなら「ランサーズ」が格安で便利

Googleトレンドや EC モールのランキングを使った市場調査では、どんな商品が売れているかを知ることができますが、その商品に色違いなどのバリエーションがあった場合、どのカラーが一番人気であるかまではわかりません。

では、市場があるカラーと市場がないカラーは、どうやって判別すればいいのでしょうか?

ECでは基本的に無難な色・柄の方が圧倒的に売れますが、既存商品に新色を追加するときなどは、新鮮味のあるカラーや柄を選んだ方が、消費者の目を引きやすくなります。

この追加色のように、商品の根幹にかかわるほどではないものの、人気を左右する要素について悩んだときは、アンケート調査をおこなって広く意見を募るのがいいでしょう。

読者の中には「アンケート調査はお金がかかる」というイメージを持たれている方もいるかもしれません。たしかに一昔前まで、アンケート調査は専門の調査会社やマーケティング会社に依頼するのが一般的だったので、1調査につきに数万円〜数十万円の費用がかかることも珍しくありませんでした。

しかし近年ではオンラインアンケートツールや自己運営型の調査プラットホームが登場したことで、費用は格段に安くなってきています。

中でも私がおすすめするのがランサーズ（https://www.lancers.jp/）です。もともとはフリーランスのデザイナーやエンジニアなどに仕事を発注するためのクラウドソーシングプラットホームですが、「モニター・アンケート・質問」というカテゴリーでは1件5〜10円程度でアンケートを募ることもできるのです。

たとえば当社は以前、ハンモックのデザインについてのアンケート調査をおこなったことがあります。

その頃ECで売られていたハンモックは、どのメーカーも似たり寄ったりで差別化ができていませんでした。「これでは当社の商品を選んでもらう理由がない」と感じた私は、せめて見た目で差別化を図ろうと、少し尖ったデザインを含め、いろいろな案を用意して人気投票を実施しました。

そして実際、調査で一番人気だったデザインを商品化したところ、かなりの売れ筋となりました。

ランサーズではもう一件、ハンドクリームに関するアンケート調査もおこないました。

このときはターゲットに近い方の意見を聞くために「●〜●歳の女性の方限定」という条件で募集をかけ、ハンドクリームのさまざまな要素（香り、値段、つけ心地など）に優先順位をつけてもらって、開発の参考にしました。

どちらのケースでも謝礼は1件11円で、トータル1000人、つまり予算1万1000円に達したら終了という設定でした。

ランサーズに支払う手数料なども含めても少額で済みました。

この予算で1000人にアンケートを取れるというのは、昔の相場からすると信じがたいほど激安ですが、ランサーズではアンケート1件につき11円という報酬は、平均か少し高いレベルなので、あっという間に1000人分の回答が集まりました。

アンケート調査で信頼性を確保するには最低300人の回答が必要と言われる中、1000人分を集めることができたのだから、申し分のない結果といえるでしょう。

「いろんな人に意見を聞きたいけれど、調査会社に頼む予算はないし、身近に聞けそうな知り合いもいないし……」という方は、ランサーズなどのオンラインアンケートを活用してみてください。

ネットで売れるのは、圧倒的に「無難」なもの

前項では「アンケート調査をもとに個性的なデザインのハンモックを販売し、人気を博した」という事例をご紹介しましたが、実はこれは珍しいケースで、ＥＣショップで売れるのは基本的には無難なデザインの商品ばかりです。

当時のハンモックがどれもありきたりなデザインだったのは、結局のところそういう無難なデザインの方が売れるからなのです。私もそのことは重々承知しつつ、当社の商品を選んでもらう理由を作るために、バリエーションの一つとしてデザイン性のあるタイプも用意したにすぎません。

これがもし派手柄一択で売り出していたら、間違いなく売れなかったと思います。

無難なデザインが売れるというのは、ハンモックに限らずＥＣで販売するほぼすべての商品に共通

する傾向です。

当社が毎年出しているクリスマスタペストリーも、毎年毎年、ほんとうに無難なものしか売れません。ある年、デザイナーに「自分が欲しいデザインを描いてみて」と頼み、個性的なタペストリーを商品化したことがありましたが、結果は惨敗。定番デザインが1万枚売れた一方で、凝ったデザインは100枚しか売れませんでした。

運動会やアウトドアで使うレジャーシートでも、まったく同じ結果が出ています。

今でこそECモールではいろんなメーカーのレジャーシートが売られていますが、十数年前は当社がシェアのほとんど独占していました。そこである年、たまには自分が好きなテイストを出してみようと思い、アメカジっぽいデニム風のデザインを売り出しました。

セレクトショップにおいても違和感がないようなおしゃれな商品ができましたが、これまた見事に売れませんでした。

同じ値段でおしゃれなレジャーシートがあっても、ほとんどの人は無地やチェックの定番デザインを購入するのです。

これが店頭販売であれば、また違った結果になるのかもしれません。

しかし実物を手に取ってみることができないECでは、安全路線を選ぶ消費者が多いということなのでしょう。

常にアンテナを張り、世の中の動きに敏感でいよう

本章の最初に述べたように、市場調査は自分の興味があるジャンルからスタートするのが基本です。いくら世の中で流行っていても、実際に見たことも触ったこともない商品ではものの良し悪しを判断できないし、これから盛り上がるかどうかもわかりません。

しかし興味のあるジャンルとなれば、特別な勉強などしなくても商品について理解できるし、流行なども ある程度は見通すことができるでしょう。

つまり、**マーケティングや商品開発に携わる人は、興味の幅が広い方が望ましい**ということになります。

興味の幅を広げる一番の近道は、世の中のトレンドに関心を持つことです。

今何が流行っていて、次はどんなトレンドが来そうか。

そういうことを調べたり知ったりすることが楽しくなると、市場調査は仕事という感覚ではなくなり、趣味でSNSやネットを見ているだけでビジネスの種が見つかるようになります。

今はトレンドに疎い方でも、意識的に新しい情報をインプットする習慣をつけると、だんだんとそれが当たり前になり、楽しくなっていくと思います。

情報源は何でもかまいません。私が普段よく接するものを挙げていくと、Googleトレンドの急上昇ワードやX（旧Twitter）のトレンドワード、さらにそれらのワードに関連するニュースやトピックスをまとめたcotoha.com（コトハドットコム）などを、空き時間などに何の気なしに見ていることが多いです。

こうして得た知識が商品開発に直接結びつくことはまれですが、知っているのといないのとでは、ビジネスマンとしての行動全体が変わってくるのではと思います。

若い人のニーズを探る上ではSNSの活用も欠かせません。

特にファッションや美容などの女性向けジャンルはインスタの影響力が大きいので、こまめにチェックするようにしています。

中でも注目しているのは、複数の商品を比較して紹介するインフルエンサーです。

たとえば10社のドライヤーを比較して順位をつけている投稿などは、女性ユーザーがどういう部分を気にするかなどがわかって非常に参考になります。

反対に、一つの商品だけ取り上げて「これはいいですよ！」と紹介しているのは、ほぼ企業から頼まれてやっている案件なので、プロモーションの勉強にはなっても、商品開発のヒントにはなりません。

過去のテレビ番組表と放送内容を掲載しているＷｅｂサイト「ＴＶ出た蔵」も便利です。

当社は健康食品も扱っているので、テレビで取り上げられた健康情報をチェックしてＳＮＳで配信したり、マーケティングの参考にしたりしています。インスタやTikTokは、話題のニュースにからめて投稿すると視聴してもらいやすい傾向にあるので、「ＴＶ出た蔵」はいい情報源になっています。

長期的な経営ビジョンを考える上では、博報堂の生活総合研究所が運営している「未来年表」というＷｅｂサイトも興味深いです。

これは未来予測関連のニュースやレポートをまとめたデータベースで、医療、宇宙、環境、技術など10以上の分野について「○○年に、○○になる」という未来予測を検索することができます。たとえば10年後の２０３３年なら「アメリカが火星の有人探査を実現する」「生活支援ロボットの市場が７兆円の規模に成長する」といった具合です。

「未来年表」は商品開発といった目先のことではなく、物事をマクロに見つめる上で役立ちます。

たとえば今この本を読まれている方は、ＥＣ向けにいい商品を作って事業を発展させようとしているわけですが、そのＥＣ事業はこの先もずっと続けていくのか、それとも将来的には売却してステップアップを目指すのか――。

そういうマクロな視点をもつことで、自分が今なぜ通販をやっているのかということも、より明確

サイト名	特 徴
Googleトレンド/X（旧Twitter）	アクセスの多いトピックスを調査
cotoha. com	Googleトレンドの急上昇ワードやX（旧Twitter）のトレンドワードに関連するニュースやトピックスを調べられる
Instagram	複数の商品を比較して紹介するインフルエンサーの投稿をみて、女性ユーザーの趣向を確認
TV出た蔵	過去のテレビ番組表と放送内容を掲載している
未来年表	博報堂の生活総合研究所が運営している。未来予測関連のニュースやレポートをまとめたデータベース。医療、宇宙、環境、技術など10以上の分野について「◯◯年に、◯◯になる」という未来予測を検索することができる

に見えてくると思います。

第3章

アイデアを出すより、顧客の「不満」を拾え

どんな商品にも絶対ある「いいところ」と「イマイチなところ」

市場規模の調査をとおして作りたい（売りたい）商品が固まってきたら、次のステップは**「不満」のリサーチ**です。

不満は、どんな商品にも必ずあります。

売れている商品でも購入者全員が満足することはないし、売れていない商品の場合はもっともっと不満の割合が高まります。不満がない、１００％満足だけの商品というのは、世の中に存在しないと思っています。

そうした不満の声を拾い集め、不満を解消する商品を作ることができれば、少なくとも既存商品よりはるかに「いいもの」、「買う理由がある商品」ができあがります。

ユーザーが商品のどこに、どんな不満を持っているかは、**その商品の「レビュー」を読み込むことで見えてきます。**コールセンターやメールの窓口も不満が集まる場所ではありますが、電話をかけたりメールを送ったりするのはユーザーにとってかなり手間がかかる作業ですし、オペレーターに対して本音をぶちまけられる人ばかりではないので、ここで得られるデータは氷山の一角にすぎません。

ECサイト・ECモールの場合はやはり、気軽に本音を書き込めるレビュー欄がもっとも参考になるでしょう。

ポイントは、自社商品だけではなく他社商品のレビューもチェックすることです。

ECモールの出店者に話を聞くと、自社のレビューはしっかり見ていても、競合のレビューまで読み込んでいるという人はほとんどいません。

これはほんとうにもったいないことです。

他社商品に対してどんな不満や賞賛の声が寄せられているかなんて、ECがない時代ならマル秘扱いで、社外には絶対に漏れてこない情報です。

それがレビューという名目で丸見えになっているのだから、活用しない手はありません。

特に見てほしいのは、売れていない商品ではなく、**売れている商品のレビューです。**

売れていない商品は低評価レビューが多いので、目を奪われがちですが、私たちが勝負すべきは売れていない商品ではありません。

あくまでもそのジャンルのトップに入るために、売れている商品の不満をリサーチし、その不満を解消することで、トップ商品よりもさらにいい商品を目指すのです。

売れている商品のレビューからは、実に多くのことを学べます。

悪いレビューはもちろん、いいレビューからも学べます。

たとえばバッグのレビューには「思ったより重かった」、「使いやすかった」など、いろんな意見が集まります。それを見ていると、顧客が求めている機能と求めていない機能がわかってきます。

あるトートバッグは、カバンの中身を見られないようにするための目隠しフラップがついているのですが、「使いにくい」「そもそも使わない」という不満レビューが多く寄せられていました。

一方、よいレビューとしては「かわいい」「軽い」という声が目立ちました。

ということは、フラップをなくして、その分軽くしたり、デザインをより洗練させた方が、満足度を上げられる可能性が高いのです。

こうした不満リサーチに基づく商品開発に、企業の規模は関係ありません。

「大手ならもっと上手にやるだろう」と思うかもしれませんが、そんなことは全然ないのです。

ためしに大手メーカーの商品レビューを見てみてください。

高評価のものもあるでしょうが、中には「大手なのにこんなこともできていないのか」、「ウチの方がもっとうまくやれるぞ」と思えるレビューもたくさん見つかるはずです。

当社は社員数20名そこそこの規模ですが、大手のレビューも徹底的にリサーチし、見習える部分は見習いつつ、そうでない部分は反面教師にしています。

ダイソンの創業者も「不満」に着目してヒット商品を生み出した

業界に革命を起こすような商品の中には、不満から生まれたものも少なくありません。

たとえばダイソンの「サイクロン型掃除機」は、創業者であるジェームズダイソンが消費者の不満に着目して開発した製品です。

吸い込んだゴミや埃を紙パックにためておく従来式の掃除機には、ゴミが溜まるほど吸引力が低下してしまうという難点がありました。

また、定期的に紙パックを交換しなければならないというのも、消費者にとっては面倒なことでした。

そこでダイソンはサイクロン分離技術を利用して、紙パックを使用せずにゴミや埃を捕集する方法を考案。これにより、吸引力が長期間にわたって一定のまま低下せず、紙パックの交換も必要ない、サイクロン型掃除機が誕生しました。

1993年、ダイソンは初の製品である「DC01」を発売しました。従来の掃除機よりも優れた吸引力と耐久性を備えたこの掃除機は、世界中の消費者を魅了し、大きな成功をおさめました。

彼のすごさは、世の人々が「吸引力が落ちるのは掃除機の仕組み上、仕方がないことだ」、「不便だが、掃除機とはこういうものだ」となかば諦めていた潜在的な不満に気づき、イノベーションにつなげた点にあります。

誰も口に出していない不満を見つけ出すことは、ジェームズダイソンのような優れたセンスの持ち主にしかできないことかもしれません。

しかし、今は「商品レビュー」という知の宝庫があります。ユーザーが何に不満を感じ、どんな商品を求めているのか、天才でなくともわかる時代になっています。

これがどんなにすごいことなのかをいち早く理解した人だけが、ECの市場で生き残ることになるでしょう。

アイデアは不要。その言葉に惑わされるな

アイデアという言葉は、とても魅力的です。

ジェームズダイソンのように、これまでにない革新的な製品を生み出して伝説的なビジネスパーソンになるためには、アイデアが欠かせないと考えている人も多いかもしれません。

聞くところによれば「何でもいいからアイデアを出して！」といった指令が出る会社もあるようです。

でも、私が従業員だったら「何でもいいからアイデアを」なんて漠然としたことを言われても、正直困ります。

そもそも何のベースもないところから自分の頭だけで考えるのは単なる「思いつき」であり、アイ

デアとはいえません。

ジェームズダイソンも「アイデアの人」というイメージがあるかもしれませんが、彼のアイデアは、**消費者の不満に対する理解に基づいています。**決して自分の頭の中だけでアイデアをこねくり回していたわけではないのです。

そもそも「アイデアを出す」ということは、買い手のニーズよりも売り手の理論を優先させる「プロダクトアウト」的な発想に基づいた行動です。

市場（顧客）の立場に寄り添いながら、市場が必要とするものを提供していく「マーケットイン」の発想なら、「アイデアを出す」という言い方にはならないはずです。

私が上司なら、「アイデアを出して」ではなく**「競合商品のレビューを分析して、改善案を出して」**と伝えます。

この指令ならプロダクトアウト的な提案は出てきにくいし、命じられた側も、何をどうすればいいか明確にわかるから無駄がありません。

あなたも「新しいアイデアが必要だ」と感じたときは、その言葉に惑わされず、まずはレビューの分析に立ち戻ってください。きっと何かしらのヒントが得られるはずです。

マーケティングリサーチで「不満」のデータは注視されていない

あなたは自分が購入した商品に瑕疵を見つけたときや、店側の対応に不満を感じたとき、どうしていますか？

金額や内容にもよるでしょうが、店側にその事実を伝えて返品・交換などの対応を求めることもあれば、「仕方がない」「面倒くさい」という理由で泣き寝入りすることもあるのではないでしょうか。

店側からすると、何も言わずに離れていくお客様と、不満をぶつけてくるお客様、どちらが怖いかといえば圧倒的に前者です。

「クレームにならなくてラッキー」などと思ったら大間違いで、不満を言ってもらえないということは、弁解や挽回のチャンスを与えられないということでもあります。

そのお客様は静かに会社に見切りをつけ、二度と買い物をしてくれることはないでしょう。

一方、**良いことでも悪いことでも、きちんと店側に伝えてくれるお客様というのはほんとうにありがたい存在です。**教えてもらえなければ商品の不具合や対応のマズさを自覚できず、もっと多くの信頼を失うことになるからです。

まれに、単なるクレーマーのような方もおられますが、ほとんどの場合は「ご指摘いただいてありがとうございます」とお礼をするのに値するご意見です。

不満の声は、レビュー上では「悪い評価」として表れます。

悪い評価は商品の売れ行きの足を引っ張るので、つかないに越したことはないのですが、ついてしまったらしまったで、それを最大限に生かす道を考えねばなりません。

すなわち、ご指摘いただいた不満である、商品の悪いところ、サービスの至らないところを見直して改善につなげるのです。

ところが多くの会社では、それができていない。

クレームが入るとその対応に追われてしまい、ご意見を生かすところまで手が回らなくなるのでしょう。

それどころか、悪いレビューに対して「いや、うちの商品はこういう商品だから……」と反論している店さえあります。

これは悪いレビューへの対応として、もっともやってはいけない下策中の下策です。

店側の考えがどうであれ、買った人が不満を感じたなら、本人にとってはそれが唯一の真実です。

店の反論を読んで「なるほど、それなら仕方がない」と納得することなどまずありません。

言いがかりに近いコメントを書かれると反論したくなる気持ちはわかりますが、店と購入者がレビュー欄で言い合いをしているのは第三者から見ても気分がいいものではないので、反論するくらいならスルーした方がまだマシです。

自社商品だけではなく、他社商品に向けられた「不満」も見落とさないようにしてください。

競合のリサーチは売れ筋から見ていくのが基本なので、どうしても「この商品のここがいいからマネをしよう」となりがちです。

それ自体は間違ったことではありませんが、**いいところをマネするだけでは同レベルの商品を作るのが関の山で、競合よりもいい商品、買ってもらう理由がある商品を作ることはできません。**

競合商品を分析する際は、良いところと悪いところの両方に着目し、「競合のマネではなく、競合のさらに上をいく」という意識を忘れないようにしてください。

不満がない商品が市場に出回っていたらそこには市場がない

楽天市場でもAmazonでも、レビュー件数が10件を超えてなお満点評価の★5を維持している商品はほとんどありません。

どんなにいい商品でも、ささやかな不満を探そうと思えば見つかるからです。

ただ、中には不満がほとんどない、10人中9人が満足しているような商品も存在します。評価が高く、品質がよく、価格も手ごろで、サポートやサービスも行き届いていて、思わず買いたくなるようなサムネやLPが作られている――。

そんな商品がすでに複数存在しているならば、それはもう市場がないのと同じことだと考えてください。あなたの会社が特別な切り札を持っていない限り、上位に入り込む余地はないわけですから。

「市場が大きい＝爆売れしているジャンルなら、トップ層に入れなくても十分うま味はあるはずだ」と思う方もいるでしょうが、下位商品まで利益が出るのはほんの一瞬です。ブームのさなかには多少おこぼれに預かれたとしても、ブームが落ち着いてきたら、生き残るのはほんとうにいい商品や会社だけです。

それに、そもそもトレンドに手を出すのはリスクが高いので、安定した経営を目指す方にはおすすめできません。

300件のレビューを読み込み「不満」の内容、レベル、人数をリサーチせよ

現在では高収益体質を実現している当社ですが、起業後の数年間は薄利多売のビジネスモデルだったため、経営は楽ではありませんでした。

薄利多売になってしまう一番の要因はものが売れないことです。売れないから広告を出したり、本物以上によく見えるように写真を撮り直したりしていると、経費が利益を圧迫する上、写真と実物が違うから評価も悪くなります。

そうなるともう値下げをするほかなくなって、とにかく安く、安くを追求していった結果、「売れても利益が残らない」という悪循環に陥ってしまったのです。

不満の内容	不満のレベル	どれくらい？
特典がどこにあるのかわかりづらい	◎	30
具体的な事例がなく抽象的だった	◎	25
サイズが大きくて、かばんに入らない	◎	13
値段が高かった	○	3
どこにでもある内容の本だった	◎	1

レビュー分析シート事例

そんな苦しい状況を脱し、少ない労力で高収益を上げられるようになっていった最初のきっかけは、「徹底レビューリサーチ」をおこなったことです。

価格競争に巻き込まれないためには、他社商品に向けられた不満を解消し、他社よりいい商品を作るしかないと考えたのです。

私は競合商品をいくつもピックアップし、1商品につき最低300レビューは読み込んで、分析シートにまとめました。

そして、そのデータをもとに商品の企画・開発に取り組みました。これは今でも実践し続けている、当社流のものづくりの屋台骨です。

分析シートの項目など、細かな部分は少しずつ変わっていったものの、レビューリサーチにおいて重視すべきポイントは今も昔も変わりません。**「不満の内容」「不満のレベル」「どれくらいの人が同じ不満を訴えているか」**の3点です。

ある商品を「値段のわりに高品質」と捉えるか「安っぽい」と感じるかは人によって違います。普段デパートで洋服を買っている人なら、楽天ランキングで上位に入っている服のほとんどは「安っぽい」と感じるでしょう。

でも、その人の意見は楽天内では異端です。

レビューを300件も読み込むと、そこに書かれた不満が妥当かどうかがわかってきます。

大多数の人は「値段のわりに高品質」と評価しているのに、1人だけ「安っぽい」と言っているような場合、その意見は妥当性が低いと判断できます。

投稿者の主観が勝ちすぎている意見や、価格に見合わないほどハイレベルな品質を要求する意見に関しては、不満リサーチで拾い上げる必要はありません。その不満を解消しようと思ったら間違いなく価格が跳ね上がり、かえって商品の競争力が落ちてしまうからです。

反対に、多くの人が同じような不満を訴えている場合は、間違いなく商品自体に問題があるので、そこを改善すれば、競合よりもいい商品ができるはずです。

ただ、不満にもレベルがあって「しいて言えばここが不満だが、この値段なら我慢できるレベル」なのか、「返品要求を検討するレベル」なのかによっても対応は違ってきます。

「しいて言えば」レベルの不満を解消しても、そこまで大きなアドバンテージにはならないので、小さな不満しか見つからなかった商品については検討をやめ、もっと強い不満がある商品に目を向け

た方がいいかもしれません。

ちなみに、クライアントからはよく「どれくらいの期間リサーチすればいいか」と聞かれますが、リサーチは期間の問題ではありません。

市場調査やレビュー分析など多角的なリサーチを通して「こういう商品を作れば必ず買ってもらえる」という確信を得られるまで続けてください。ここで手を抜いてしまうと中途半端な商品しか作れず、最後は値下げをして叩き売る羽目になります。

大事なのは「**市場**」と「**不満**」という二つの視点を忘れないことです。

市場があり、かつ人気商品の不満を解消した商品は「買う理由」があるので長く売れます。長く売れ続ける商品があると経営は一気に楽になるので、ここはひとつ納得いくまでリサーチをおこなってください。

注目すべきは「★1」よりも「★2〜3」の客観的なレビュー

楽天市場やAmazonをはじめECモールの商品レビューの多くは、最大★5の5段階評価となっています。

いちユーザーとして見ていると、どうしても★1の最低評価が気になってしまいますが、不満リサーチの観点からは、むしろ**★2〜3のレビューが重要になります。**

というのも★1のレビューというのは、怒りの感情をぶつけるばかりで具体性に乏しく、改善のヒントになりにくいレビューが多いのです。

商品説明をよく読まなかったことによる勘違いや、「間違えて注文ボタンを押してしまったのにキャンセルボタンが表示されない」など言いがかりに近いようなコメントは、だいたいが★1です。

そしてまた、1人のユーザーが感情に任せて★1の評価をつけると、それを見たほかのユーザーも「私も同じだ!」と思い、大した欠陥でなくても追随して★1をつけるといったことが多々あるのです。

これが★2～3になると、怒りに任せて店を攻撃するようなコメントは減り、「商品のここが気に入らなかった」、「使い始めて何ヵ月で壊れた」、「納期が遅れて困った」など、商品の性能やサービス内容に関する意見が多くを占めるようになります。

不満を述べているのが1人だけなら、その人の勘違いや、たまたま不良品にあたってしまっただけという可能性もありますが、複数の人が同じ不満を表明している場合は「当たり」です。

商品に何らかの欠点があることは間違いないので、自社でそこを改善できるかどうか、検討する価値は大いにあるでしょう。

ただ、いくら仕事とはいえ、自社や他社の商品に向けられた悪いレビューを読み続けると心が疲れます。特に感情に任せた怒りのコメントは読んでいてしんどい上、改善の役にも立ちません。

だから悪いレビューをチェックする際は★1は除外し、投稿者の感想も読み飛ばしながら、商品のどこにどんな不満があるかという具体的な指摘にのみフォーカスして読むことをおすすめします。

レビュー投稿者の「属性」にも注目せよ

自社か他社かにかかわらず、レビューを見るときは投稿者の「属性」にも注目してください。

楽天市場の場合は、商品のレビュー・口コミページを開くと、レビューを投稿した人の内訳が男女別・世代別（10代、20代、30代、40代、50代以上）に表示されます。

レビューを書くということは、当然その商品を買っているわけですから、投稿者の内訳は購入者の内訳の縮図といえます。どの商品を、**どんな人が買っているかということは分析ソフトを使ってもわからないので、これはかなり重要な情報です。**

たとえばヘアアイロンは女性向けの商品ですが、ひとくちに女性といっても好みや買い方は年代によって変わります。

このジャンルのランキングで上位常連のブランドSは、サムネの作り方などを見る限り、性能よりもデザインのかわいらしさを前面に押し出していて、若い女性をターゲットにしていることが見て取れます。そして実際、レビュー投稿者の属性を見ると20～30代女性が最多で、しかも数万件のレビューがあるのに★4・5以上と大変な高評価を得ています。


ここから何がわかるかといえば、ブランドSはマーケティング力も商品力もあり、なおかつ狙いどおりのターゲットに売れているということです。ただし、購入者は20～30代女性に集中していて、すべての年代に響いているわけではありません。

ですからこのジャンルで勝負をかけるとすれば、30～40代以上の女性に刺さるようなコンセプトやデザインがいいのではないか、という仮説を立てることができるのです。


競合商品だけではなく、自社商品の購入者（レビュー投稿者）の属性も要チェックです。

同じヘアアイロンでも、当社の商品はブランドSの倍以上の値段がつく高級志向で、主に40代以上の女性をターゲットにしています。

レビュー投稿者の内訳も40代女性が最多で、以下30代、50代と続きます。

おおむね想定どおりの分布ですが、実は20代以下の購入者も15％ほどいます。

これはなかなか無視できない割合といえるでしょう。

□□□□□ さん

40代 女性 購入者
レビュー投稿 115件

お気に入りレビューに登録

★★★★★ 5

デザイン:4 乾燥スピード:4 スタイリング:4 使いやすさ:4

▶このレビューのURL

12人が参考になったと回答

このレビューは参考になりましたか？ 参考になった

□□□□□ さん

30代 女性 購入者
レビュー投稿 95件

お気に入りレビューに登録

★★★★★ 4

デザイン:4 乾燥スピード:4 スタイリング:4 使いやすさ:5
商品の使い道:実用品・普段使い 商品を使う人:家族へ 購入した回数:はじめて

▶このレビューのURL

11人が参考になったと回答

このレビューは参考になりましたか？ 参考になった

□□□□ さん

50代 男性 購入者
レビュー投稿
8,579件

お気に入りレビューに登録

★★★★★ 5

デザイン:4 乾燥スピード:4 スタイリング:5 使いやすさ:5

20代といえばインスタなどのSNSを見て商品を買う傾向が強く、「あのインフルエンサーがすすめていた」とか、「芸能人の誰々が使っていた」とかいう情報にもまだまだ影響される世代です。

20代への訴求を強めるなら、そうした方面でのプロモーションも検討する必要があるでしょう。

実際に20代を取り込むために動くかどうかはともかく、購入者の属性をチェックしていると、そういう発想も持てるようになるわけです。

また、個別のレビューには「**商品の使い道**」「**商品を使う人**」「**購入した回数**」も表示されます。

これらは任意項目のため、すべての人が回答しているわけではありませんが、属性とあわせてこの項目をチェックすると、商品の買われ方や使われ方の実態が見えてきます。

たとえばヘアアイロンのような女性向け商品でも、レビュー投稿者の属性を見ると40~50代男性もそれなりの数がいます。それらのレビューを個別に見てみると、多くが「商品を使う人」に「家族」や「妻・恋人」を挙げていて、贈答用としても一定の需要があることがわかるのです。

そうなると売り方も変わってきます。

当社でも、贈答用にヘアアイロンを買う人が一定数いることを把握してからは、商品名に「母の日」「プレゼント」といったキーワードを付加し、より多くの人の目に留まるように工夫しています。

ライバル商品は実際に買って使ってみる

ユーザーのレビューから商品の不満を見つけ、それを解消してよりよい商品を提供していくのが「不満マーケティング」の基本です。

ただし、ユーザーのレビューを完全に信用するのは危険です。

多くの人が同じような不満を書き込んでいる場合は信用できる可能性が高いものの、「ユーザー側の勘違い」、「雰囲気に流されただけ」という可能性も捨てきれません。

反対に、レビューがそこそこいい商品でも、たまたま悪いレビューがついていないだけという可能性もあります。

ですから気になる商品がある場合は、レビューだけでわかった気にならず、必ず実物を購入してレビューの真偽をたしかめてみてください。

これは研究開発の一環で、絶対に必要な投資です。

当社でも新しいジャンルで商品を開発するときは、ランキング上位の商品や特色が違うタイプなど3〜5個ほど買って、実際の使い勝手や見た目、梱包の仕方、同梱物など細かく確認しています。

そうすると「高い値段をつけているわりに作りが雑だな。これならウチの方がもっといいものを作れるぞ」と自信を深めることもあれば、「この値段でこのクオリティを出されたら、ウチではもう太刀打ちできない」と商品化を断念することもあります。

残念ではありますが、不満がない商品がすでにあるなら市場がないと判断し、大火傷を負う前に手を引くのが賢明な経営判断というものです。

このほかLPの内容と実物の間に乖離がないかどうかもチェックします。

LPではものすごくいいことを書き連ねているのに、実際に使ってみると「ん？」となるのはよくある話で、そのガッカリ感は低評価レビューにつながります。

商品は値段相応でそこまで悪くないのに、LPにいいことを書きすぎたせいでレビューが荒れるというのもよくある話で、それも実物を買ってみなければ判断できないことです。

また、商品開発が進んで工場に生産を依頼する段になると「見本」が必要になります。

見本を用意せず、言葉や写真だけで説明しようとすると、こちらが求めるレベルと工場側の認識にずれが生じてトラブルのもとになります。

ここで役立つのがライバル商品です。

研究開発の過程で競合の商品を購入しておけば、それを見せて「こういう性能がついた商品を作ってほしい」とオーダーできるので、工場とのすり合わせが非常にスムーズになるのです。

「いいLP」や「いい商品」からも積極的に学べ

不満リサーチに基づく商品開発の最大のメリットは、失敗のリスクが低いことにあります。

すでに実績がある商品の不満を解消し、よりいいものを売り出すわけだから、自分の頭の中だけで「これがいい！」と考えた商品よりも、市場に受け入れられる確率ははるかに高まります。

中でも「ランキング上位に入っているのにレビュー評価が低い商品」は格好のターゲットで、その商品の不満を解消することで、ライバル商品の地位を奪ってしまおうというのが本書の趣旨となります。

といっても、レビューがいい商品は無視していいというわけではありません。

特に自社がはじめて進出するジャンルでは、ランキング上位でかつレビューも高い「いいもの」からも積極的に学びたいところです。

新商品のネタを探すために興味があるジャンルのランキングを見ていると、時折「いいな」と思える商品に出くわすでしょう。

そうしたら、自分はなぜ「いいな」と思ったのかを分析してみてください。

興味があるジャンルだからこそ、深い考察ができるのではないかと思います。

個人的にネットショッピングを楽しむときも、心の片隅でマーケティングを意識していると、仕事に役立つヒントを得られることが多々あります。

欲しい商品が見つかり、その理由を自問自答した結果が「使いやすそうだから」だとしたら、「その商品のどこがどう使いやすそうなのか」、「今まで自分は使いにくいものを使っていたのか」などと掘り下げていくと、無意識のうちに抱いていた既存品への不満が見つかるはずです。

その不満を商品開発に生かすかどうかはさておき、普段からそういう意識を持っていれば、マーケティングの感性は確実に研ぎ澄まされていくでしょう。

不満リサーチから生まれたヘアブラシが累計7万台のヒット商品に

ここでいくつか、不満リサーチに基づいた商品開発の実例をご紹介したいと思います。

まず、当社がこの手法を取り入れて最初にヒットさせたのが「ポータブル扇風機」です。

今では夏の定番として定着し、そこまで目立つ存在ではなくなったポータブル扇風機ですが、数年前にはじめて登場したときは、ちょっとしたブームになりました。

当社はその頃、季節商品をメインに扱っていたので「ウチもポータブル扇風機を作ろう！」という話はすぐに決まりました。

とはいえ、他社と同じようなものを後発で出しても売れる可能性は低いし、季節商品は旬が過ぎれば一気に売れなくなるので、へたなものを作れば即、不良在庫と化してしまいます。

そこで既存商品のレビューを徹底的に読み込んだところ、**多くの人が「使える時間が短い」**という不満を訴えていることに気づきました。

昨今ではポータブル扇風機も改良が進み、8時間連続使用できるようなタイプも出てきましたが、当時のバッテリーはまだまだ脆弱で、「アミューズメントパークに持って行ったら、アトラクションに乗る前の待ち時間でもう電池切れになった」というような体験談がいくつも寄せられていたのです。

ここに商機を見出した当社は、使用時間に対する不満を解消すべく、工場と打ち合わせを重ねました。残念ながら、当時の技術では丸1日使えるようなポータブル扇風機を作ることはできなかったものの、どうにか他社より1～2時間ほど長持ちするタイプの開発に成功。

その商品は飛ぶように売れ、レビュー欄も好意的な意見で埋め尽くされました。

次にご紹介するのは、今現在も主力商品として売れ続けている「ヒートブラシ」の開発ストーリーです。

当社は以前よりドライヤーやヘアアイロンを開発・販売し、かなりの実績を上げていました。そのノウハウを横展開して新商品を開発しようという話になり、市場リサーチをおこなった結果、ブラシ型のヘアアイロンであるヒートブラシにたどり着きました。

ヘアアイロンが髪の毛をはさんで整えるのに対して、ヒートブラシは普通のブラシのようにとかすだけでサラサラのストレートヘアが作れるという便利なアイテムです。

ヘアアイロンに比べると少々マイナーながら、市場はじわじわと拡大傾向にあります。

市場の将来性を確信した私たちは、さっそく他社商品のレビューに目を通しました。

すると**「LPに書かれているようには仕上がらない」**という声が非常に多いことがわかりました。

LPでは「数回さっと梳かすだけでサラサラヘアになる」と断言し、ビフォーアフターの写真もたくさん掲載されているのに、実際はそうならないというのです。

少し前に、LPと実物が違いすぎると不満やクレームのもとになると述べましたが、まさにそのとおりのことがこのジャンルで起きていたのです。

また、思いどおりの髪型にできないという不満に関連して「朝の忙しい時間にはじめて使ったから、余計に困った」、「時短になると思って買ったのに期待はずれ」という意見も見られました。

つまりヒートブラシの購入者は、単に髪をまっすぐに伸ばしたいだけではなく、「朝は忙しいから手早く簡単にヘアセットしたい」という欲求を持っていたのです。

これは言われてみればたしかにそのとおりで、寝癖を直すだけならドライヤーとブラシでブローするという方法もあるけれど、朝のバタバタしているときにそんな面倒なことをしたくないという人が、わざわざヒートブラシを買うのです。

当社はこのニーズにより深く応えるために、ヒートブラシの立ち上がり時間、すなわち電源を入れてからブラシが温まり、適正温度・目標温度に到達するまでの時間を短縮しようと考えました。そして実際、競合商品のほとんどが立ち上がりに1分以上かかるところ、業界最速の約44秒で使えるようになる商品を開発したのです。

「LPの画像どおりにセットでき、かつ、立ち上がりが早くて時短になる商品を提供したら、市場は必ずこれを受け入れるだろう」

そう自信を持って送り出したこの新商品は、狙いどおり累計7万台以上売れる大ヒット商品となりました。美容家電の分野で、一般にはほとんど知られていないブランドがこれだけ売れるというのは異例のことです。

購入者の反応も上々で、2023年8月現在、評価数が4700件以上あるにもかかわらず、点数は★4・56という高評価を維持しています。

また、ヤラセが一切ないレビューで知られる雑誌『VOCE』でも、「今売れている美容家電を美表オタク38人が使い比べ！美容家電ベスコス」でヘアアイロン部門第1位に選ばれるなど、各方面から高い評価を頂戴しています。

不満リサーチから見えてくる「本当のUSP」

USP（Unique Selling Proposition）とは、商品やサービスが持つ独自の強みを意味するマーケティング用語です。商品開発における最重要要素でありながら、企業側が考えるUSPと、消費者が求めるUSPがかみあわないケースも少なくありません。

企業側が「これが当社独自の強みだ！」と胸を張っても、顧客から「別にそんなものは求めていない」と言われてしまえば、そのUSPにはまったく意味がないことになります。

独自性といわれると、何か目新しいものや画期的なサービスが必要なのかと思われるかもしれませんが、そうではありません。

USPでもっとも大事なのは、消費者の「不満」、「悩み」、「問題」、「痛み」を解消してあげることです。ここさえブレなければ、ミスマッチはまず起こりません。

反対に、新商品を企画・開発するとき「スペック」から入る人は、USPの設計をミスしやすいので注意が必要です。

他社のスペックを分析し、それを上回ったら勝ちだという考え方は、一歩間違えると「独りよがりなUSP」につながるからです。

求められていないスペックをいくら高めても、消費者の心には響きません。

ポータブル扇風機のバッテリー持続時間のように、消費者の多くが不満を持っていて、それを改良すれば喜ばれるというのであれば、挑戦する価値はあるでしょう。でも、消費者が特に求めていない部分を高性能化しても、価格が上がるばかりで魅力は増えず、かえってマイナスになる危険すらあるのです。

磨く価値のあるスペックとそうでないスペックについて、前出のヒートブラシを例に説明しましょう。

ヒートブラシには「立ち上がりまでの秒数」、「重量」、「温度調節が何段階か」などのスペックがあります。このうち「重量」に関しては、競合商品のレビューに「重くて手が疲れる」といった不満が実際にあったので、軽量化に挑む価値はあると考えました。

「立ち上がりまでの秒数」については、実はレビュー欄には「立ち上がりが遅くて不便だ」、「もっと早く立ち上がるようにしてほしい」といった直接的な不満はほとんどありませんでした。

しかし、「朝の忙しいときに云々」というように、ユーザーの言葉の端々から「朝の時短」を求めていることが伝わってきたため、ここを改良すればＵＳＰになりうると判断しました。

反対に、「温度調節が何段階か」という部分は重視しませんでした。

そのため当社製品の温度調整機能は「１３０℃～２３０℃の11段階」と、ヒートブラシとしてはごくごく平均的なスペックです。

競合商品の中には22段階で細かく設定できる商品もありますが、細かく分けると操作が面倒になるし、レビューをいくら読んでも「温度調整が細かくて嬉しい」とか「温度調整をもっと細かくしてほしい」といった声は見当たらなかったので、ユーザーはこの部分はほとんど気にしていないと判断したのです。

マーケティングは有用だが過信は禁物

マーケティングのキモは、顧客の不満とニーズを理解し、それに応じて商品やサービスを設計・開発することです。これさえできていれば「作った（仕入れた）ものが売れない」というリスクはぐっと低くなります。

とはいえマーケティングとて万能ではなく、どんな情報もやがては古くなり、売り続ける理由がなくなっていきます。

たとえば当社のヒートブラシは、他社製品よりも性能がよく価格も適正であるため今は大いに売れていますが、いずれは他社も同じくらい立ち上がりが早く、仕上がり感もいい商品を開発してくるでしょう。そうなってしまえば、ユーザーが当社製品を買う理由はなくなるので、価格で勝負するほかなくなります。

それを避けるには、**商品が順調に売れていても慢心することなくマーケティングを継続するしかありません。**すなわち、販売開始後も自社・他社の商品に関する不満の声を拾い続け、USPがゆらいできたと感じたなら、リニューアルや商品の変更を検討するのです。

そうした販売後のマーケティング戦略については、第5章で詳しく述べることとします。

どんなジャンルの商品でも、マーケティング情報は日に日に古びていくものですが、市場に登場したばかりの「発展途上商品」はそのスピードが段違いなので、参入には相当な覚悟が必要になります。

参考までに、当社の失敗例をご紹介しておきましょう。

2015年頃だったと思いますが、スタンド型掃除機が一大ブームになったことがありました。従来のハンディー型掃除機よりも高い吸引力とバッテリー持続時間を持ち、収納場所も取らない点などが消費者の心をつかんだのです。

当社もこのブームに乗ろうと開発に乗り出しました。

きちんとマーケティングをおこなった上で、パワーや重さ、運転時間といった主要スペックでは他社に劣らないものを目指し、1年後にはそこそこいい商品を世に送り出すことができました。

しかし、結果は惨敗でした。

市場の変化は予想以上に速く、私たちが1年がかりで開発している間に、スタンド型掃除機はまるまる1世代進化していたのです。

がんばって集めたマーケティングデータも完全に過去のものになっていて、販売を開始したときには、新商品なのに早くも古臭い雰囲気が漂っていました。

かと思えば、その後に発売したハンディークリーナーは順調に売れ続け、この5年ほど当該ジャンルでトップを守り続けています。

スタンド型掃除機とハンディークリーナーの違いは、商品としての成熟度です。

ハンディークリーナーの登場は1980～90年代で、30年以上にわたって各社が改良を重ねてきた結果、すでに最終形態といっていいものになっているのです。

レビュー欄を見れば、小型化・軽量化や、吸引力向上を求める声はあるものの、小型化すればパワーが弱まり、パワー重視だと重たくなるので、どちらもそれほどの進化は見込めません。

いうなれば性能的な進化はほぼ終わっている商品なので、この先はユーザーの細かな不満を解消すること、たとえば掃除のしやすさやデザイン性、カラーバリエーションなどで差別化を図っていくしかないのです。

家電としての核心的な性能開発は大手メーカーにしかできませんが、そうした細々とした改良は、むしろ身軽な中小企業の得意分野です。

当社のハンディークリーナーも小さな不満を小さなリニューアルでつぶしながら、ロングセラーとして売れ続けています。

第4章

「不満」をつかんだら商品の価値に転換する

ほんとうにいいものをお求めやすい価格で

繰り返しになりますが、私の会社では「**ほんとうにいいものを、お求めやすい価格でご提供する**」ということをすべてにおいてのコンセプトとしています。

「ほんとうにいいもの」とは、市場があり、なおかつ消費者の不満や困りごとを解消する商品であり、そのアイデアの源泉がマーケティングにあることは第2章・第3章で述べたとおりです。

「お求めやすい価格」とは必ずしも低価格というわけではなく、**品質が高いものを割安で提供すること**を意味しています。

たとえば美容家電の価格は性能よりもブランド名に左右されるため、同じくらいのスペックでも有名ブランドになるほど高価になり、ものによっては倍以上の価格差が生じます。

すると「このブランドの性能は魅力的だが、高すぎて手が出ない」というニーズが必ず出てくるので、そのブランドと同等かそれ以上の性能の商品を開発し、ブランドの名前がついていない分だけ安く提供するというのが、当社の目指すラインです。

それをふまえて「ほんとうにいいものを、お求めやすい価格でご提供」する方法を考えたとき、最初のステップとして不満マーケティングが必要になるのは当然として、企画した商品がイメージどおり形にならなければ「いいもの」にはなりません。

また、「お求めやすい価格」を実現するためには、無駄なコストを削減したり、工場と交渉したりすることも必要になってきます。

そこで本章では、「ほんとうにいいもの」を適正価格で設計・生産するための方法をテーマとしました。具体的には、以下の「商品開発の手順」の2～8番目について、「いいものを作ってECモールで売る」という切り口から解説していきます。

【商品開発の手順】

1. **市場調査～商品企画：**市場調査とレビューの分析を通じて、市場規模や顧客のニーズを特定し、「買ってもらう理由」がある商品を企画する
2. **設計開発：**詳細な設計をおこない、商品の外観・機能・製造方法を定義する
3. **試作・テスト：**商品のプロトタイプを作成し、テストや改良をおこなう

4. **製造と品質管理**：最終的な商品の仕様が確定したら製造工程に入る
5. **販売準備**：販売チャンネルの選択、広告投入
6. **テスト販売**：まずは小ロットを市場に投入して反応を見る
7. **量産**：テスト販売で手応えが見られたら追加生産
8. **改良・リニューアル**：必要に応じて商品を改良・改善する

開発期間は「長くて6ヵ月」が目安。発売日を決めてから逆算する

まずは商品開発全体のスケジュールを確認しておきましょう。

これは商品のジャンルによって大きく変わる部分ではありますが、一般的には、市場調査・商品企画からローンチまで長くて6ヵ月だと思ってください。

現代はとかく変化の激しい時代なので、6ヵ月以上先になると流行や世の中の景況感、競合の状況などが変わってしまい、せっかくのマーケティングデータも古くなってしまいます。

すでに同ジャンルで実績があり、横展開して新商品を開発するパターンなら、開発期間は半年くらいに短縮できるかもしれません。当社でもノウハウが確立されている分野で新商品を出すときは、半年以内の商品化を目指しています。

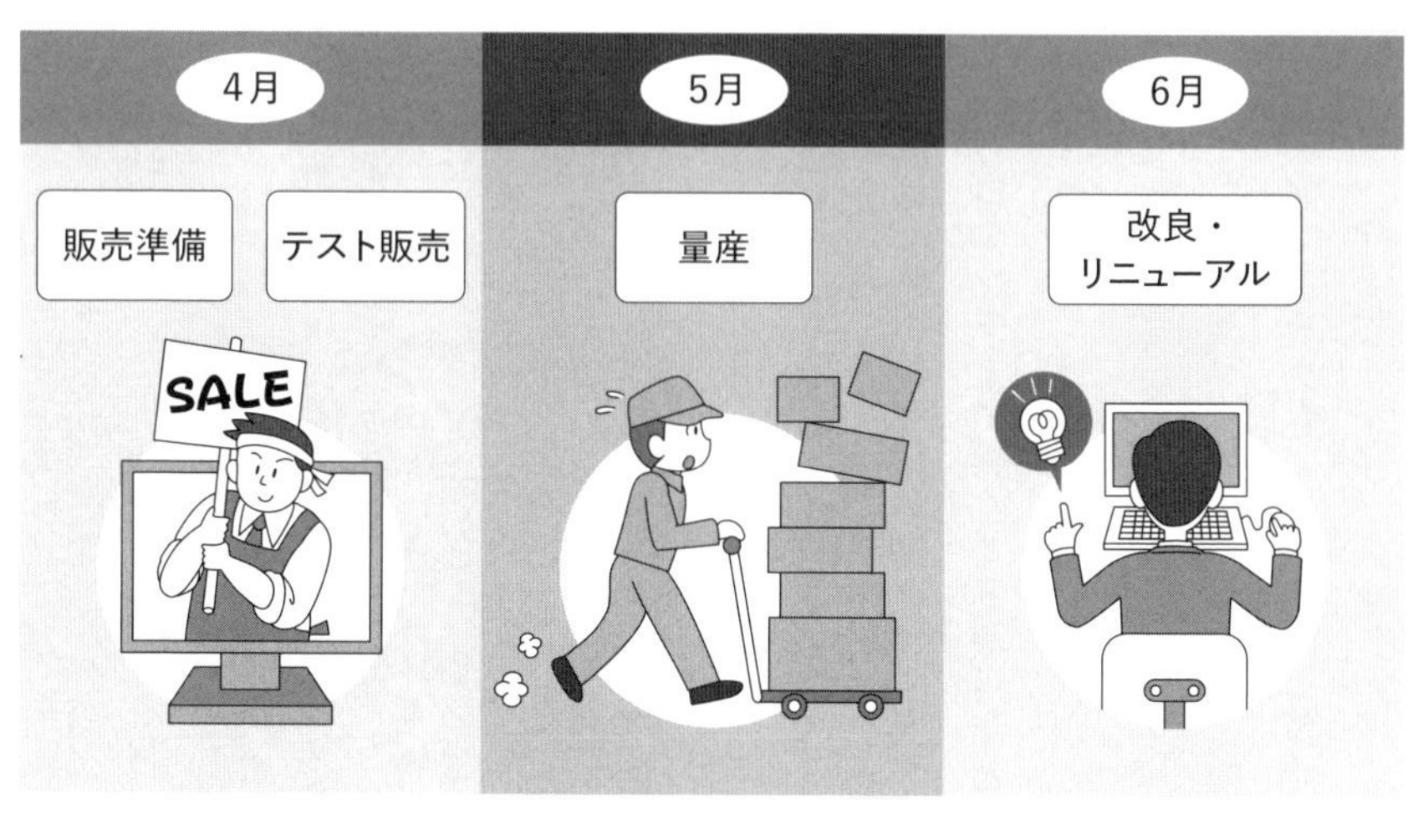

扇風機や加湿器、クリスマスツリーといった季節商品の場合は、**最盛期の3ヵ月前**には商品ができていないと、通販で売ることは難しいと考えてください。

他社商品がすでに出そろったところに投入するのと、競合に先駆けて店頭に並べるのとでは、ユーザーの目に留まる確率が違ってくるからです。

また、広告費用もオフシーズンほど安いので、早めに広告をかけ始めた方が結果的に節約になります。

たとえばクリスマスツリーなら、本格的に売れ始める12月に品物が届けばいいというのではなく、9月には商品を用意して販売を開始し、広告をかけていくというのが一番売りやすい方法になります。

季節商品に限らず、どんな商品にも、売れやすい時期とそうでない時期はあります。

それを調べるのに便利なのが第2章で紹介したGoogleトレンドで、期間を「過去12か月間」に設定してキーワー

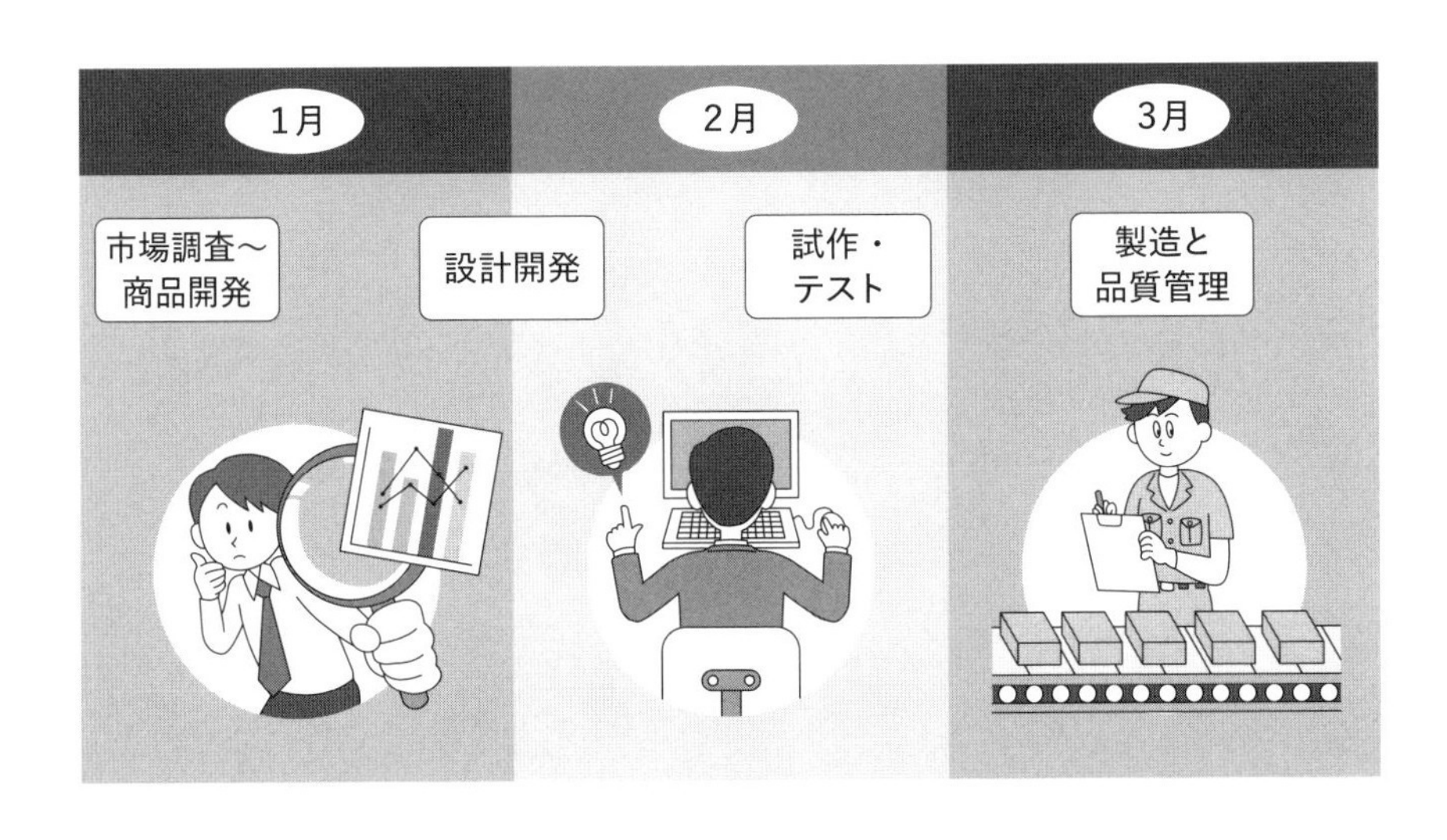

ドの需要変動を調べることです。そうすると、特に関心が高まる時期がわかります。

たとえば「ヘアアイロン」だと、1年間を通してそこまで大きな凸凹はないものの、初売りセールのある年末年始や、新生活準備で家電を買う人が増える春先、梅雨の湿気で髪がまとまりにくくなる6月上旬あたりに小さなピークがあることがわかるので、「そこに発売を重ねよう」といった戦略を描けるようになります。

発売日が決まったら、そこから逆算して開発スケジュールを組んでいきます。このとき留意してほしいのは、あまりにもギリギリな予定を組むのは危険だということです。少なくとも、工場から倉庫に届いた商品を実際に自分たちの目で確認し、テストするくらいの時間は確保しておいてください。

この最終工程をおろそかにすると、後で痛い目を見るかもしれません。私自身も昨年、そんな事例に遭遇しました。

それは競合が作ったクリスマスツリーでした。

当社のクリスマスツリーは楽天で圧倒的なシェアを誇っているのですが、昨年、それにそっくりの、いわゆるパクリ商品が発売されたことを知り、調査のために購入してみました。

実物を見ると、詰めの甘さを感じる部分が多々ありました。

たとえば、そのツリーは葉っぱの一つひとつにビニールの小袋がかかっていて、それを外すのにものすごく手間がかかりました。売り手側は丁寧な梱包で差別化を図ったつもりかもしれませんが、実際はツリー全体がビニールに包まれて圧縮された状態で届くので、小袋が葉っぱにピッタリと張り付いてしまい、1個1個外すのがとにかく大変だったのです。枝葉のボリュームはほぼLPどおりだったものの、その姿を再現するまでが一苦労で、途中何度もいやになりました。

おそらくこのツリーを開発した会社は、発売を急ぐあまり、最終的に工場から届いたものを自分たちで試していなかったのではと思います。

実際に開封して設置するなどのテストをおこなっていたら、あの状態の商品をお客様にお届けすることはなかったはずです。

競合の詰めが甘いのは、当社としては歓迎すべきことですが、楽しみに購入した方には気の毒だったと思います。

ネットで売るなら設計段階から「送料」のことを考えなさい

市場調査が終わり、商品の規格が固まったら、次はそのアイデアを具体的な形に落とし込んでいくための設計を行います。このときECに不慣れな会社が見落としがちなのが「梱包サイズ」です。

梱包サイズとは、商品を発送するために梱包した状態のサイズのことで、その大きさによって送料が変わってきます。

段ボールの場合は、箱の長さ・幅・深さの三つの辺を足したサイズで表すのが一般的で、佐川急便やヤマト運輸などの各運送会社は、この三辺合計を基準に宅配送料を定めています。

たとえば60サイズといえば三辺合計が60センチ以内の箱をいい、わずかでもオーバーすると、一段階上の80サイズ料金を請求されることになります。

小物類は、ネコポスやゆうパケットなどのメール便を使えば比較的安価に送れます。ただし、メール便を利用するには厚みが3センチ以内であることが条件になります。

こうしたことを考えずに商品を設計すると「うまくやれば60サイズでおさまるのに、80サイズになってしまった」という事態になり、送料が上がる分だけ競争力が落ちてしまいます。

楽天市場のランキングを見ると、上位商品はほとんどが送料無料です。

商品検索の際に「送料無料」で絞り込む人が一定数いるので、「商品代1000円＋送料300円」と「送料込み1300円」とでは、支払う金額は同じでも後者の方がよく売れるからです。

では「送料無料」となっている商品の送料は誰が負担しているかというと、100％お店です。ネット通販業者にとって送料は死活問題なのです。

昨今は配送業界の人手不足が深刻で、配送料はどんどん上がり続けています。配送量に応じて料金が安くなるサービスも縮小されているので、送料を抑えるために自社でできることといったら、サイズを小さくすることくらいしかありません。

繰り返しますが、大事なのは商品サイズではなく「梱包サイズ」です。商品ができてしまってから梱包サイズを小さくするのは不可能に近いので、設計段階から必ず意識するようにしてください。

試作品ができたら周囲の率直な意見を聞きなさい

新商品の設計が完成したら、次は試作品を作って性能や品質のテストをおこないます。

ポイントは、開発者当人だけでテストをするのではなく、周りの人、それもできればターゲットに近い属性の人に実際に使ってもらい、感想を聞くことです。

当社でも、女性向けの小物のときは女性に使ってもらい、子ども用品なら子どもがいる人に頼んでテストしてもらいます。

スタッフやその家族に適任者がいなくても、友人・知人にまで広げて声をかければ、だいたい1人や2人はターゲットに近い人が見つかるので、そういう人に頼んで感想を教えてもらいます。

このとき大事なのは、**たとえ否定的なことを言われたとしても、素直に受け入れることです。**

「いや、それは実はこうだから……」と反論したい気持ちはぐっとこらえ、相手の意見に耳を傾けましょう。

否定的な意見を受け入れることは、言うほど簡単なことではありません。

特に商品に強い思い入れがある人や、マーケティングに絶大な自信を持っている人は「これはいい商品だ」と思いこみ、反対意見に耳を貸さなくなりがちです。

中には「いい商品ですね」と言ってくれそうな相手を選んで試作品を見てもらう人さえいます。

私がコンサルとしてかかわった中でも、かたくなに商品の欠点を認めない会社がありました。

試作段階で不備を指摘しても「でもこれは……」と言い訳ばかりで改善しようとはせず、強行突破でそのまま商品化しましたが、当然ながらまったく売れずに終わっていきました。これでは何のためにコンサルを雇ったのかわかりません。

そんな失敗をおかさないためにも、社員やその周辺の意見にはしっかりと耳を貸すようにしてください。

そもそも、社員というのは自社商品の一番のファンであるはずです。

その社員が「欲しい」「買いたい」と思わないような商品は、その時点でアウトなわけで、売れるはずがありません。

逆に、開発担当者の愛が強すぎて客観的に見られなくなっているようなら、「質問」によって目を覚ましましょう。

サンプルを見ながら「あなたが40代女性だとして、この商品はあなたにとってほんとうに必要ですか？」、「なぜ競合商品ではなくこれがいいのか、理由を教えてください」などと改めて問いかけることで、**「担当者の目線」から「ユーザーの目線」に戻してあげるのです。**

こうした質問は、試作品ができたときだけではなく、企画、販売、リニューアルなどの各フェーズで何度でも行う価値があります。質問には、思考回路を変える力があるからです。

試作品は単体でテストするだけでなく、他社の商品と使い比べてみることも大事です。

当社がブレンダーという調理器具をはじめて開発したときは、ライバル商品を3アイテムほど購入し、自社のサンプルと使い比べて、いいところと悪いところを徹底的に洗い出しました。もちろんテストを担当したのは、普段から料理をしている主婦を中心とする面々です。

この比較テストにより、「パワーはA社製品の方が強いが、B社のものは強さを調整できるのがいい」、「端っこまでうまく攪拌できる形状はどれか」、「自社商品が一番洗いやすい」など、ものすごくいろんなことがわかりました。

こうした研究開発は大手企業の専売特許だと思われがちですが、ライバル商品との使い比べくらいなら中小企業でも十分できるので、積極的に実施してほしいと思います。

イマイチだと思ったら思い切って「没」

試作品は、実際にいろんな人に使ってもらい、機能やデザイン、耐久性などに問題がないかどうかチェックするためのものです。

この時点で欠点が見つかったとしても、改良した上で発売を目指せば問題ないわけですが、欠点があまりにも大きく、商品化に値しないと思われるものについては、潔く「没」にすることも大事です。

当社でも年間いくつかは、試作段階で没にする案件があります。思っていたような性能を発揮できず、予算内でそれ以上いいものを作れないとわかった場合は、商品化を諦めます。

それまで少なからぬ時間とコストをかけて開発してきた商品なので、没にするのは惜しいという気持ちがないわけではありません。

でも私は、欠点に目をつぶって販売を強行する方がずっと怖いことを知っています。

妥協した商品を世に出すことは「いいものを提供する」という理念に反する上、高確率で不良在庫と化して経営を圧迫します。

ＥＣコンサルとしてかかわった企業の中にも「試作段階で欠点に気づいてはいたが、大丈夫だろうと高をくくって商品化して失敗した」という例はたくさんありました。

そもそも試作品をなぜ作るかといえば、商品開発のリスクを抑えるためでしょう。それなのにテスト結果を無視してしまっては、試作の意味がありません。

あなたにはぜひ、欠点がある商品を売る勇気ではなく、消費者と自分を守るために「没」を選ぶ勇気を持ってほしいと思います。

自己資金50〜60万円のスタートでスキームを把握する

ここで一度、ECビジネスを始めるために必要な「お金」の話をしておきましょう。

ECビジネスを始めるといっても、いろんなパターンがあります。

まったくのゼロから起業するのか、リアル店舗で売っている商品をネットでも販売するのか、まったく別の事業をしている会社が副業としてネット専用の商品を開発・販売するのかによって、予算は大きく変わってきます。

ゼロからの起業となると、パソコンを買ったり新しく人を雇ったりと、さまざまな部分でお金がかかってくるので、ここでは計算をシンプルにするために「**リアル店舗の事業をしている会社が、新事業としてECビジネスに進出する**」というケースを想定して説明します。

まず念頭に置いてほしいのは、最初から大儲けしようとは思わない、ということです。

ＥＣには独特のルールや売り方があるので、たとえリアル店舗で実績がある企業でも、まずはＥＣのスキームを把握するためのテストマーケティング期間を設けるようにしてください。

売り方もノウハウもわからないのに、いきなり大量ロットで勝負をかけると「何が何でも売らなければ」というプレッシャーにさらされることになります。

ビジネス上のリスクが大きいのはもちろんのこと、毎日毎日在庫とにらめっこして「これをどう売りさばこう」と悩むストレスは相当なものです。

そんな精神的負担を回避するためにも、最初は小ロットからスタートするのが鉄則です。

たとえば30個だけなら在庫の負担感もなく、1日1～2個でも売れたら「もう売れた！」とポジティブに捉えられるし、仮に1ヵ月で30個を売り切ることができれば「広告をかけたらもっと売れそうだ」といった計算もできるようになります。

扱うアイテムも最初は1種類がいいでしょう。アイテム数が2種類になるとＬＰも2パターン作る必要があり、やることが倍になるからです。

「1種類30個を1ヵ月かけて売り切っても、利益が出るどころか大赤字だ」と思われる方もいるでしょうが、それでいいのです。ＥＣに慣れるためのテストマーケティング期間は、利益を追求してはいけません。

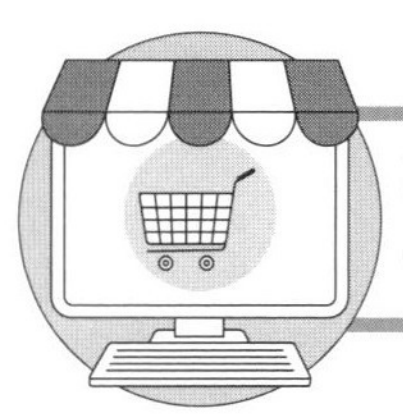

楽天市場などのECモールに月額５万円程度の手数料

LPを作るための外注費も必要で、１アイテムにつき20万円ほど

最初の商品代金（仕入れ代）は、できれば30万円程度

今コンサルしている会社では、ＥＣ事業を立ち上げるために新しく１人スタッフを雇ったので、最初のうちはそのスタッフの人件費だけ出ればいいという指導をしています。

無理に利益を出そうとして大量の在庫を抱えると、最終的には在庫処理という、誰も得をしない作業にお金と時間を割くことになり、ビジネスとしてはそちらの方が完全にマイナスだからです。

そんなことになるくらいならトントンか、赤字が限りなく少ないラインを目指す方がずっといい。勉強代を払うとはそういうことだし、それでノウハウが身につけば、次からは思い切った挑戦もできるようになっていきます。

といっても、それほど長いあいだ我慢する必要はありません。だいたい３ヵ月もやっていればＥＣの全サイクルが見えてくるので、その時点で本格的に参入するか撤退するかを決めればいいのです。

どんな商品を扱うかにもよりますが、最初の商品代金（仕入れ代）は、できれば30万円程度に抑えたいところです。この予算内で仕入れる個数は、リスクを最小限にするなら30個、多くても１００個くらいに留めてください。

商品代金以外ではＬＰを作るための外注費も必要で、１アイテムにつき20万円ほどかかります。ＬＰは内製することもできますが、うまくいくかどうかわからないビジネスのためにデザイナーを雇うのはリスキーなので、軌道に乗るまでは外に頼んだ方が安全です。

このほか楽天市場などのＥＣモールに月額５万円程度の手数料を支払うことになるので、初期費用はおおむね50〜60万円程度となります。

なお、テストマーケティング期間に販売する商品は、どんなものでもかまいません。

本書で紹介している不満マーケティングは、練習期間を終えて、本格的にＥＣビジネスを展開する場合のノウハウです。ＥＣの仕組みや流れを体感することが目的なら、そこまで手間をかけずとも、自分が好きな商品や、もともと詳しいジャンルの商品を売れば十分です。

また、本書では輸入販売業者ではなくメーカーになることを推奨していますが、それも将来的な目標であって、最初のうちは仕入れた商品を売るだけの転売ビジネスでもまったく問題ありません。

中小企業が勝てる唯一の戦略が「ハイクオリティー、ミドルプライス」

商品開発の過程でもっとも悩ましいのがプライシングです。どれくらいの価格帯にするかはリサーチ段階から見当を付けてはいるものの、実際に何円に設定するかは最後まで悩みます。

ただし、それは100円や10円の単位で最終価格をどうするかという話であって、「どういうものを、どういう価格で売るか」は最初から決まっています。

本書で何度も書いてきたように「ほんとうにいいものを、お求めやすい価格」で販売するのです。

当社の場合は、平たく言うと製品やパッケージで高級感を出しつつ、価格はできる限り抑えることで、**「めちゃくちゃ良さそうに見えるけど、えっ、この値段でいいの!?」**と思ってもらえるラインを目指しています。その感動が、当社に対する評価を生むと考えているからです。

この「ハイクオリティー、ミドルプライス」を実現できない商品——たとえば品質を追求すると原価が跳ね上がってしまう商品や、広告をバンバン打たないと売れない商品は、原価や広告費を転換するとハイプライスになってしまうので、リサーチ段階で消えることになります。

「ハイクオリティー×ハイプライス」は流行りません。

この路線でいくには相当なブランド力が必要になるし、「えっ、この値段でいいの!?」という感動も生まれないからです。

ロープライス戦略は論外です。

もともと価格競争に巻き込まれるのが嫌でメーカーに転身したのに、今さらそんな苦しい商売に戻りたくはありません。


安売り競争で勝つためには、とにかく量を売らなければならないし、高級路線でいくためにはブランド形成のために莫大な投資が必要になります。それらはいずれも資本力のある大手企業の得意分野であって、中小企業にとってはイバラの道です。

その点、**「ハイクオリティー、ミドルプライス」**なら会社の規模は関係ありません。

マーケティングさえしっかりやって「不満」を「価値」に転換できれば、中小企業でも十分勝負ができます。

むしろ中小企業に勝機があるとしたらここしかないというラインが「ハイクオリティー、ミドルプライス」なのです。

「価格競争」はしないが「値下げ」の努力は惜しまない

しつこいようですが、私は価格競争が大嫌いです。

身を削って値下げをしたとしても、他店が1円でも安くした瞬間に売上が激減するという、厳しい商売を強いられるからです。

ただし、**原価を下げるための努力は絶対に必要だと考えています。**

自分たちもしっかり利益を確保しつつ、お客様により安くご提供できるなら、その方がいいに決まっているからです。

ライバルより1円でも安く売るための値下げと、自分たちもお客様もどちらも幸せになるための値下げは、まったくの別物です。

クオリティーと利益率を維持しつつ価格を下げる方法のひとつに、新素材の探究があります。

たとえば当社の革財布は、発売当初は年間3万個ほど売れていたのですが、後発の類似品にシェアを奪われ、売上は最盛期の5分の1程度に落ち込んでしまいました。

ここで値段だけを下げれば、単なる価格競争になってしまいます。

私はそれだけは避けたいと思い、仕入れ先に何とかならないかと相談を持ち掛けました。

その結果、見た目も使い心地もほとんど変わらない牛革を、従来品よりも安く提供してもらえることになったので、素材を変えて財布をリニューアルし、それに伴い価格も少し下げました。

おかげで売上は持ち直し、その財布は今でも定番として売れ続けています。

売りやすい楽天か、低予算で始められるAmazon、Yahoo!か

自社でECサイトを運営するには高度なノウハウと資金が必要になるため、中小企業がECに新規参入する場合は、楽天市場やAmazonなどのECモールに出店するのが一般的です。

販売する商品が決まったら、開発と並行して出店するECモールについても考えておきましょう。

国内ECモールは「楽天市場」「Amazon」「Yahoo!ショッピング」が3強で、以下ZOZOTOWN、Qoo10、メルカリ、auPAYマーケット（旧Wowma!）と続きます。

ここでは私の会社が実際に出店している「楽天市場」「Amazon」「Yahoo!ショッピング」の3大モールについて、料金の仕組みや特色などをご紹介したいと思います。

ECモールに出店するには、モール側に手数料を支払う必要があります。

初期費用は、3大モールの中では楽天だけが有料（6万円）で、Yahoo!ショッピングとAmazonは無料です。売上にかかわらず毎月支払う固定の月額費用も、楽天が1万9800円～であるのに対して、ほかの2モールは無料～となっています。一方、売上に応じて支払う販売手数料（売上ロイヤリティ）は、楽天が2～7％、Amazonが8～20％、Yahoo!ショッピングが無料と幅があります。

このほか細かい費用として、購入者に付与するポイントの原資負担や決済サービス利用料金などが必要になります。Yahoo!ショッピングの場合は初期費用、月額、手数料はすべて無料ですが、こうした細かな手数料として毎月売上の6％程度を支払うことになるイメージです。

以上をまとめると、低予算で始めやすいのがAmazonとYahoo!ショッピングで、出店のハードルが比較的高いのが楽天ということになります。

ただし、モールに払う手数料と売りやすさは比例します。

楽天はたしかにランニングコストは高めですが、初期費用や出店審査が参入障壁になっているので出店店舗は比較的少なく、新参の弱小ショップでもやり方次第では成果を出しやすい環境といえます。かたやローリスクで出店できるAmazonとYahoo!ショッピングには、中国セラーを含むライバルがひしめき合っています。それでいてユーザー数や売上高は楽天に遠く及ばないので、ここで売っていくにはそれなりの工夫が必要になります。

また、Amazonはサイトの作り上、より価格競争になりやすい環境になっています。なぜなら

Amazonのサイトはよく言えば機能的、悪く言えば殺伐とした面白味のないデザインなので、ウインドーショッピング的に買い物を楽しむ人はほぼおらず、買うものが決まっている人がキーワードで検索して買う場になっています。また、商品ページに掲載できる画像も最大7枚と少ないため、価格以外の訴求が難しいのです。

こうした条件を総合的に勘案すると、ＥＣ初心者にもっともおすすめできるＥＣモールは楽天市場ということになるのですが、一つだけ注意してほしいのが「客層」です。

楽天市場のメインターゲットは30～40代女性だと思っている方が多いようですが、実はここ数年は若いユーザーがほとんど増えていないため、平均年齢は40～50代に上がっているとも言われています。その変化に気づかず、対応が遅れているショップも多いようなので気をつけてください。

楽天に出店する場合、プランは「がんばれ！プラン」「スタンダードプラン」「メガショッププラン」の三つから選ぶことになります。

公式の「おすすめプラン診断」では、１年後の目標月商が１４０万円以内の場合は「がんばれ！プラン」を推奨されますが、私は最初から「スタンダードプラン」でもいいと思います。というのも「がんばれ！プラン」というのは、ＥＣについてほんとうに何も知らない事業者がゼロベースで開店することを想定したプランなのです。

しかし、この本の読者であるあなたは「何も知らない事業者」ではありません。

不満マーケティングのノウハウを携えて参入すれば、１年後には月商１４０万円なんて軽くクリア

出店プラン・費用

選べる3つの出店プラン

1年契約プラン

	月額出店料（固定費）が割安 がんばれ!プラン	ランニングコストが割安 スタンダードプラン	登録可能商品数や画像容量が無制限 メガショッププラン
こんな人におすすめ	ネットショップ運営のご経験が少ない 事業者様におすすめ！ 割安な料金でスタートしやすいプランです。	目標とする月商が約140万円以上 の事業者様におすすめ！ 低コストで店舗運営できるプランです。	商品数や画像量が多く必要 な事業者様におすすめ！ 容量を気にせず 店舗運営できるプランです。
月額出店料(税別)	19,500円/月 年間一括払	50,000円/月 半年ごとの2回分割払	100,000円/月 半年ごとの2回分割払
システム利用料(税別)	月間売上高の 3.5〜7.0%	月間売上高の 2.0〜4.5%	月間売上高の 2.0〜4.5%
登録可能商品数	5,000商品	20,000商品	無制限※1
画像容量	500MB まで	5GB まで	無制限※1

※1メガショッププラン「登録可能商品数」と「画像容量」は無制限ですが、それぞれの初期値は50,000商品と5GBです。
上限変更をご希望の場合は、いずれもその都度、商品数・容量アップをご申請いただきます。

各プランの詳細情報はこちら >>

しているはずです。実際、私がコンサルをしている企業も、出店から2～3ヵ月後には月商300万円程度に達するケースがほとんどです。

そうなると「がんばれ!プラン」ではシステム利用手数料が割高で損になるので、最初から「スタンダードプラン」で始めることをおすすめしているのです。

最初は売れやすい楽天からスタートし、慣れてきたらAmazonやYahoo!ショッピングに2号店、3号店を出店するのもいいでしょう。最近ではQoo10やauPAYマーケットも伸びているので、取扱商品によっては3強以外のモールに出店するという選択肢もあります。

ちなみに当社は楽天に4店舗、アマゾンに2店舗、Yahoo!ショッピングに2店舗出店しています。同じモールに複数出店しているのは、ジャンル別に店舗を分けた方が、担当者がやりやすそうだったから分けただけの話です。店舗を分ければ売上が伸びるというわけではないので、この点はマネをしていただく必要はありません。むしろ手数料を抑えるためには店舗は統合した方が合理的ですし、現在の楽天では複数出店のハードルも上がっているので、最初から1店舗だけのつもりでいた方がいいでしょう。

ターゲットやジャンルが異なる商品を同一店舗で扱うデメリットは、特にないと思ってかまいません。店舗トップ画面は多少雑然としますが、気にしないユーザーがほとんどです。

一昔前、まだECの信頼度が低かった頃は「どんな店（会社）が売っているのだろう」と店舗トップを見に来る人が一定数いたので、それなりに見栄えをよくしておく必要がありましたが、ECに慣れた今のユーザーはそこまでしないので、店側も気にしなくて大丈夫です。

工場直か、商社経由か。完全オリジナルか、簡易OEMか

卸売業者からメーカーに転身をはかるにあたって、一番の心配事は「生産をどうするか」ということではないでしょうか。

製造設備や工場を持たない中小企業の場合は、**商品の企画や開発は自社でおこない、生産は外部工場に依頼する「OEM生産」**を採用するのが一般的です。

OEM生産がうまくいくかどうかは、受託企業（工場）選びにかかっていると言っても過言ではありません。工場は互いに協力していい製品を作り上げる大事なパートナーなので、製造技術の高さはもちろん、コミュニケーションの取りやすさも重要になります。

中国やアジアの工場と提携する場合は、日本ならではの品質管理の細かさをきちんと理解してくれ

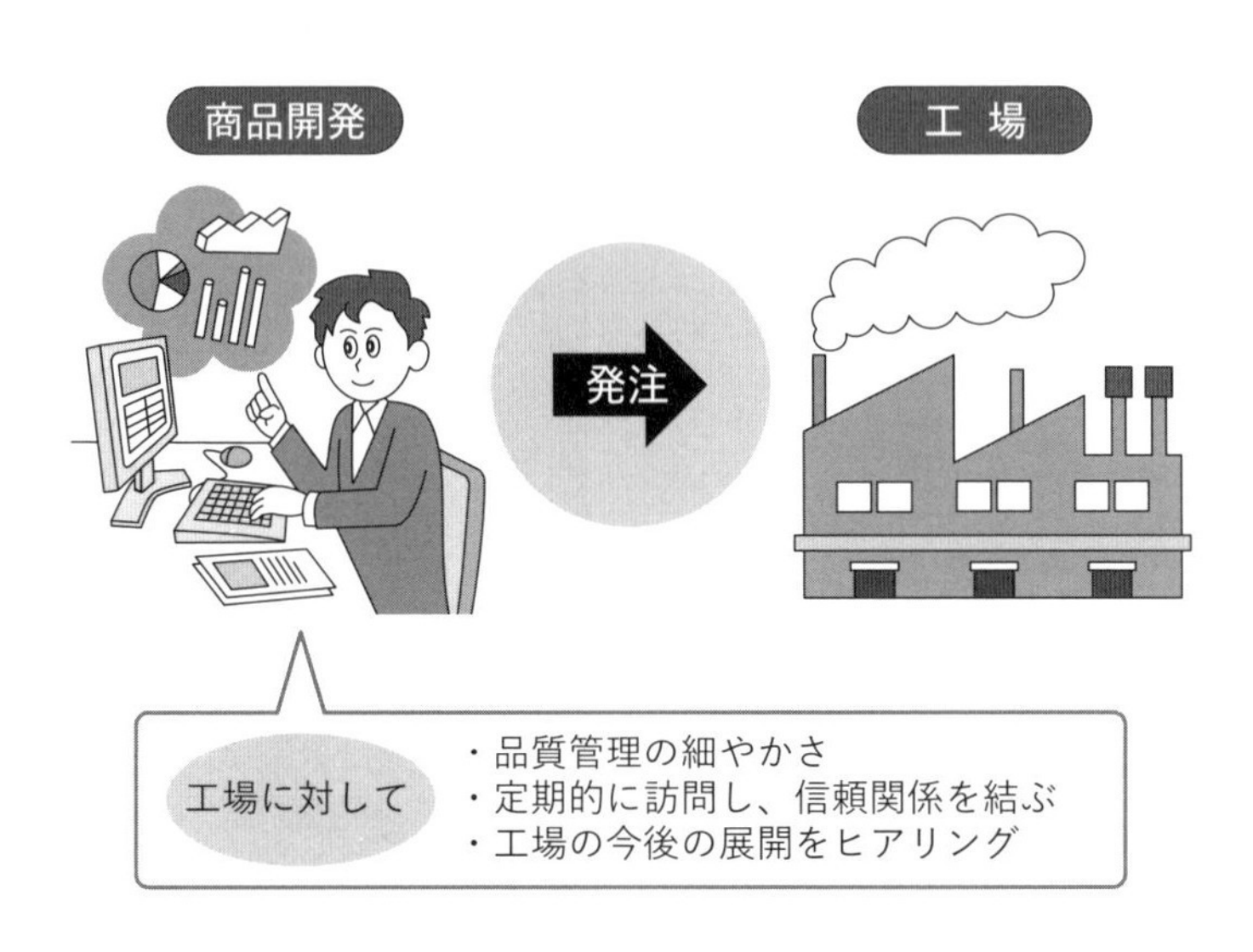

る工場を選びましょう。

最近では日本語が話せるスタッフを抱える工場も増えています。

自力で工場を探すのが難しい場合は、商社を頼るという手もあります。

商社は工場との間に立ってやり取りを仲介してくれるほか、ＯＥＭ工場を探している事業者向けの工場見学ツアーも開催しています。

ツアーに参加するかどうかはともかく、工場選びの際は実際に現地へ足を運んで製造環境などを確認することが大事です。最初だけではなく定期的に訪問し、コミュニケーションを深めることができればなおよしです。

私も工場開拓のときは通訳や開発担当者と一緒に現地へ出向き、「ほんとうにいいものを、お求めやすい価格でご提供する」という自社のポリシーや、商品開発への想いなどを直に伝えるようにしています。

同時に、向こうの話もいろいろ聞き出します。

今までどんなことをやってきて、将来はどんなふうになっていきたいかなど、ものづくりへの姿勢や目標を共有してともに歩んでいくためです。私の経験上、金銭だけでつながっている工場とは長続きしませんが、共感で結ばれた工場は必ずいいパートナーになってくれます。

とはいえ、どんなに良心的な工場であっても、最初からこちら側の注文をすべて聞いてくれるわけではありません。それどころか、つきあいが浅いうちは小ロット生産に応じてくれない可能性もあり、最低1000個とか1万個などと言われてしまうこともあります。

その場合は、工場とつきあうための最初のレッスンとして「簡易OEM」で商品を作ってみてください。

簡易OEMとは、たとえばTシャツに自社ブランドのロゴをプリントしたり、雑貨をオリジナルカラーに塗装したりと、既製品に少しだけアレンジを加えてオリジナル商品を作ることです。工場にたまたまあまっていた商品があれば、手っ取り早くそれを使わせてもらう形でも、十分オリジナル商品と呼べるものができあがります。

こうしたやり取りを通じて信頼を深め、小ロット生産の許可が下りたら、満を持して「完全オリジナル商品」の開発に歩を進めましょう。

工場との契約で必ず確認しておきたい「不良品」の話

どんなに注意を払って開発・生産しても、たいていの商品には不良品が混じります。割合は平均3～5％程度ですが、今までで一番ひどかった例では、なんと全商品の20～30％が不良品ということもありました。

内容は「掃除機のアタッチメントがうまくはまらない」というもので、原因を調査した結果、契約していた中国工場の金型に問題があることがわかりました。

試作段階では問題なかったのに、本番でこうした不良が発生するのは、試作品は職人さんの手作りで、本番は金型を使うからです。

もちろんその金型は試作品をもとに作るのですが、このときは工場側のミスで金型がゆがんでしまっていたのです。

アタッチメントの不良は商品の根幹にかかわる問題なので、当社は商品の販売をいったん中止し、工場に開発・生産をやり直してもらうことにしました。

では、そのコストは一体誰が負担するのでしょうか？

この掃除機のケースでは、作り直した商品はすべて無償で送ってもらいました。

工場が善意でやってくれたわけではなく、そのような契約になっていたからです。

もし契約がなかったら、「知らぬ存ぜぬ」で押し切られてしまった可能性もゼロではありません。

不良品に関する責任問題は、メーカー初心者が見落としがちなポイントなので、契約時に必ず確認するようにしてください。 ときどき「ウチは不良品なんて出さないから大丈夫」などと言って契約に応じない工場もありますが、そういうところとは取引をしない方がいいでしょう。

不良品への対応方法はさまざまです。

くだんの掃除機は不良品の割合があまりに高かったので作り直してもらいましたが、そこまで数が多くないのであれば、不良分だけ工場に買い取ってもらうという手もあります。

ただその場合も、不良品を工場に送り返す必要があるかどうか、その場合の送料はどちらが負担するかなど、細かい条件を取り決めておく必要があります。

当社の場合は、発注数の3～5%は不良が出ることを見越して、あらかじめ商品を多めに送ってもらうことが多いです。このやり方なら不良品を送り返す手間もコストもかからず、シンプルに問題を解決できるからです。なお、3～5％の上乗せ分は有償のこともありますが、交渉次第では無償で送ってもらえることもあります。

とはいえ、工場との契約で不良品問題のすべてが解決するわけではありません。不良品を無償で直してもらったり、余分に送ってもらったりはできたとしても、購入者から返品してもらう手間やコストは自社で負担するしかありません。

いずれにしても不良品が出ないことに越したことはなく、**不良品を極力出さないためにも、工場との関係構築やコミュニケーションが重要になるのです。**

余談ですが、当社では購入者から返品・交換の要求があれば、先に新しい商品を送り、そこに返送用の封筒も同封して不良品を送り返してもらうという方法をとっています。

昔は先に返品してもらい、ほんとうに不良品かどうか確かめた上で新品を送っていましたが、その方法だとお客様を信用していないことになるし、お待たせする期間も長くなるので、思い切ってやめました。

それでどうなったかというと、ごくまれに商品を送り返してくれない人もいますが、ほとんどの方は新品を受け取ったらすぐ不良分は返送してくれます。

不良品として送り返された商品の中には、お客様の使い方が悪くて壊れたようなものもありましたが、大多数は正真正銘の不良品です。こうした事実から、当社では「**ごく少数の困った人のために、それ以外の善良なお客様を疑ってかかる必要はない**」と結論づけました。

それに、新しい商品を先に送るということは、相手を全面的に信用している証拠であって、その姿勢はお客様にも伝わります。

お客様にしてみれば、不良品が届いた上、店に返品を要求する際に「ほんとうに不良品？」と疑われたら余計に腹が立つでしょう。しかし自分の話を信じてすぐに新品を送ってもらえたら、不良品が届いたことへの怒りもいくらかおさまり、レビューも荒れにくくなるのです。

商品管理は工場と連携コミュニケーション戦術

海外の工場と取引するときは「部材」の管理にも気を配らなければなりません。

技術力が高く、対応も親切で日本の事情も理解してくれるいい工場に出会えたとしても、その工場の仕入れ先がどんなところかまではわからないからです。

工場は、商品を作るための部品や材料を別の工場から仕入れてきます。

クリスマスツリーでいうと、メインのツリー部分はその工場が作るけれど、土台などは別の工場に頼んでいるといったことがよくあります。**そういう外注の部材を工場にきちんと管理してもらうためのマネジメントが必要になるのです。**

たとえば当社では、例年2月頃からクリスマスツリーの部材の発注を始めます。

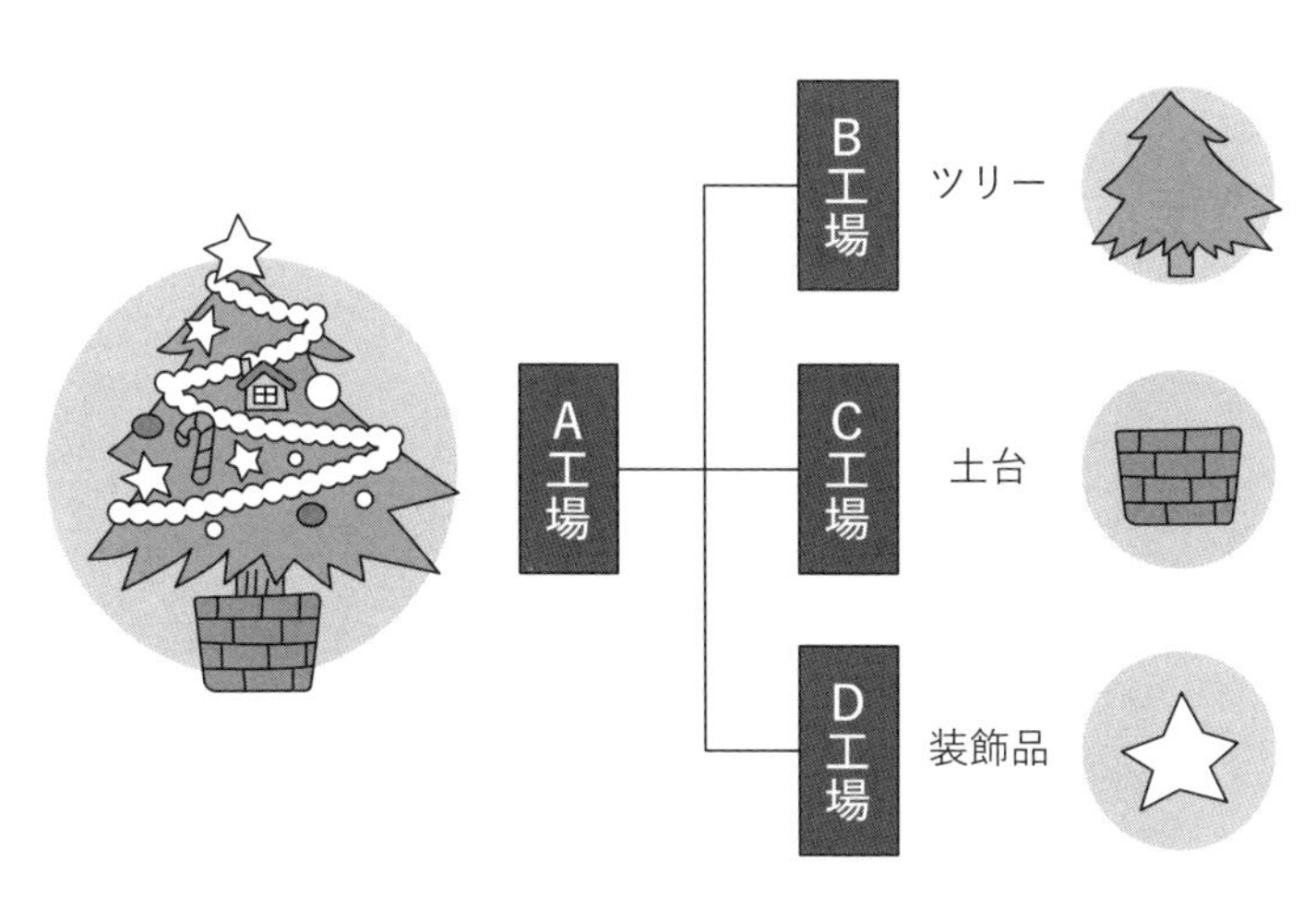

あらかじめA工場に「どのような生産ラインを組んでいるか」、「どのような工場に部材を発注するか」、ヒアリング

かなり早めに動き出しているのは、末端の下請け工場に無理をさせないためです。

その後の工程でも、メイン工場を必要以上に急かすことはありません。

当社が「急いでやって！」と言えば、メイン工場は下請け工場に「大急ぎで頼む！」と迫るでしょうから、そうなるとクオリティの低い部材が使われる可能性も高まります。


工場によっては、どんな取引先から何を仕入れているかといった細かい情報を明かしたがらないこともあるでしょう。そうした温度差を埋めるためにもコミュニケーションは欠かせません。

当社は中国とベトナムの複数の工場と契約していますが、メインでおつきあいしているのは中国にあるA工場です。最初の顔合わせのときに**「私たちはいいものを作りたいと思っているし、新しい技術もどんどん勉強して一生懸命に開発するから、どんな注文も言っ**

てくれ！」と言ってくれるような工場は、実際に技術力も高いものを持っていました。

ところがある電化製品を発注したとき、つくはずの電球がともらないという不良が発生しました。最初はまったく原因がわからなかったのですが、細かく調べていった結果、別の工場から仕入れた配線の品質が劣悪だったため、品質が安定しないということが判明しました。

A工場は当初、不良の原因解明に非協力的でした。

けれども**「これを乗り越えて一緒に大きくなっていきましょう！　僕らもできることはがんばるので、そちらもできる限り協力してください！」**と訴えたところ、「そこまでおっしゃるなら」と理解を示し、以後は当社のためにいろいろと動いてくれるようになりました。

私たちもこの一件をとおして品質管理とは何かを学びました。

今ではA工場に対しては「今度こういう商品を作るから、ウチのためにこれだけの余裕を持って部材を確保しておいてほしい。そのかわり金額はこれくらい上乗せするから……」などと腹を割って交渉するようにしています。

ちなみにこのA工場は、おつきあいがはじまった当初は技術者のご夫婦と従業員1人の3人だけでやっている小さな町工場でしたが、当社との取引を柱にどんどん規模を拡大し、今では500人を抱える立派な工場になっています。まさに「一緒に大きくなっていきましょう！」という約束を果たせた形で、A工場の快進撃は私にとっても大きな喜びです。

と、このように書くと、まるで当社がA工場を一方的に引き上げたかのようですが、そんなことは全然なく、私も彼らには大いに助けられました。

通常、中国工場にOEM生産を頼むときは30～50％ほどのデポジットが必要で、工場から商品が発送されるタイミングで全額清算するのが普通なのですが、当社の資金繰りが苦しかったとき、A工場だけは支払いを「掛け」にしてくれました。これはほんとうに異例の対応で、当社を信じて3ヵ月も4ヵ月も支払いを待ってくれたA工場には感謝しかありません。

このことからもわかるように、工場というのは単なる下請けではなく対等なパートナーです。

日本人経営者の中には、中国やアジアの労働者を下に見て、道具のように安く使おうとする人もいますが、そんな姿勢では絶対に信頼関係は築けません。

中国やベトナムの工場と長くつきあう中では、人情味を感じることが幾度となくありました。同じ目標を持つ人間同士という立場で話し合えば、きっといい関係を築けるはずです。

どんなに素晴らしい商品でもずっと売れ続けることはない

本章ではここまで「いいものを、お求めやすい価格」で提供するための商品開発の手順や注意点を説明してきました。これを実行していただければ必ずやお客様に喜ばれ、利益もついてくる商品ができあがるでしょう。

ただし、いくらいいものであっても、永遠に売れ続けることはありません。

第2章のPLC（プロダクトライフサイクル）の項目で説明したように、商品には寿命があるのです。

自分の周りをぐるりと見渡しても、何十年も変わらずに売れ続けているものは、そうそう見つからないのではないでしょうか。洋服のように流行があるもの、自動車や家電のように技術革新で進化するものはもちろん、筆記用具や食器など、形としてはほとんど進化が終わっているようなアイテムでも、10年前の商品が今も変わらず同じように売られているということはほとんどないはずです。

何十年も前から売られているお菓子や調味料なども、実際にはまったく同じではなく、製法やパッケージのリニューアルを重ねています。一見すると変化がなさそうなトイレットペーパーですら「○倍巻」「○倍長持ち」といった長巻タイプが登場し、ひそかに進化を遂げています。

ということは、あなたが苦労して生み出した自信作も、そのままの形で何年も売れ続ける可能性はきわめて低いのです。

消費者は、いくらその会社や商品のファンだとしても、もっと良さそうなものが登場すれば離れていきます。美容室や飲食店がどれだけ心のこもったサービスを提供しても、ホットペッパーで新しい店がお得なクーポンを出していたら、顧客はそちらに流れます。**人の心理とはそういうものです。**

大手企業が既存商品の広告に莫大な資金を投じるのも、同じ理由からです。

まだ世に知られていない商品ならまだしも、誰もが知る定番商品のCMを毎シーズン投入するのは、そうやって**新鮮なイメージを更新し続けないとファンが離れていくことを知っている**のです。

大手企業の人気商品ですらそうなのだから、無名の中小企業はなおのこと、「いいものができたから安心」などと慢心してはいけません。

毎月のリニューアル会議が「商品の寿命」を延ばす

どんな商品もいつかは衰退期を迎えます。

しかし、何も手を打たなければ1年で終わってしまうところを、適切な対応を取ることで寿命を2年に延ばせる可能性は大いにあります。

当社でも大事な商品のPLCを伸ばすために、**毎月1回、すべての商品を一から見直す「リニューアル会議」を開いています。**

この会議では自社商品のレビューやアクセスの

推移はもちろん、ベンチマーク商品のサムネやLPの動向など、商品開発時に負けないレベルのリサーチをおこない、商品やLPをリニューアルすべきかどうか検討します。売上が落ちた商品でも、この会議を経てリニューアルをすることで再浮上したという例は枚挙にいとまがありません。

落ち目の商品を延命するためのリニューアルだけではなく、売れ筋商品の人気を持続させるためのリニューアルも積極的に行います。

たとえば「アルザスのクリスマスツリー」は楽天ランキングで常に1位をキープしている人気商品ですが、ずっと同じものを売っているわけではなく、毎年何かしらの新しい要素を追加しています。たとえば初期のアルザスには**「土台部分が畳みにくい」**という弱点がありましたが、今のタイプは土台を可動式にして、パタンパタンと簡単に畳めるようになっています。

葉っぱの形状はもともと「本物のようにリアル」だと言われていましたが、加工の仕方を工夫したことで、さらにリアルさが増しました。

ロゴも1回変えています。

旧ロゴに不満があったわけではなく、グッチなどのハイブランドがロゴの書体や字間をほんの少し変更することで新鮮味を出している事例に倣ったのです。

同梱物にいたっては毎年変えています。最初は取扱説明書だけだったのが、ある年から組み立て動画のQRコードがついたチラシを入れるようになり、今ではインスタ投稿を紹介するチラシも同梱しています。

パッケージも数年前にガラリと変えました。

それまでは真っ白い箱に大きくアルザスのロゴを入れていたのですが、白い箱は汚れが目立つというお客様の声を受け、マットな黒地に金色の縁取りをほどこした高級感あふれるデザインに刷新しました。

高級なクリスマスツリーというのは、一度買えば数年以上は使い続けるのが普通で、リピーターが見込める商品ではありません。それでも毎年リニューアルしているのは、細やかなトレンドの変化に対応するとともに、すでにアルザスツリーを所持している「アルザスファン」に喜んでもらうためでもあります。

自分が早くから目をつけていたブランドがどんどん進化して人気が高まることは、初期型を持っているユーザーにとっても誇らしく、嬉しいことなのです。

第5章

LPとCSで大差がつく！「買ってもらえるショップ」の作り方

LPでもっとも大事なのは「買う理由」と「信頼」を訴求すること

いい商品ができあがったら、次はそれを販売する番です。

同じ商品でも売り方によって売上や人気に大きな差が出ます。

私は小手先のテクニックでものを売ることは好きではありませんが、いいものを多くの人に届けるためには、それなりのテクニックが必要になるのもまた事実です。

そこで本章では、消費者に選ばれる、買ってもらえるＥＣショップの作り方を説明していきます。

まずはＥＣの顔であるＬＰ（ランディングページ／商品ページ）から見ていきましょう。

どんなにいい商品ができても、そのよさを消費者に伝えることができなければ、売れることはありません。

リアル店舗の店頭では、店員の説明やＰＯＰなどで商品の魅力をアピールするように、ＥＣではＬＰがその役割を担います。

ほとんどのＬＰは、ユーザーが縦にスクロールするだけで求める情報をすべて得られる「縦長１ページ」の構造になっています。

ただし、デザインや構成要素はモールによってかなり異なります。**Amazon のＬＰはシンプルで無駄がなく、どこにどんな情報を入れるかというフォーマットもある程度決まっていて、掲載できる画像も最大7枚と少なめです。**一方、楽天は契約プランによっては無制限に画像を載せることができるため、とてつもなく長いＬＰも存在します。

ここでは当社の主戦場である楽天のＬＰを想定して、良いＬＰの作り方を説明していきます。

楽天のＬＰには、商品の特色や使い方、アフターサービスなどさまざまな情報を盛り込みますが、もっとも重要なのは**「この商品を買う理由」**と**「商品・店舗の信頼性」**を訴求することです。

この2点こそ、消費者がネットでものを買うときに最重視するポイントだからです。

「買う理由」とは、第3章でも言及したＵＳＰとほぼ同義です。

「何のためにこれを買うのか」「なぜこの商品でなければならないのか」ということは、リサーチや商品企画の段階から繰り返し自問し続けてきたことなので、商品を販売する段階では、もう書くことは決まっているはずです。ここにきて「ウチの商品を買う理由って何だろう」と悩むようでは、マーケティングを一からやり直さねばなりません。

一番いいのは、商品ができあがってからLPを作るのではなく、企画段階で簡単なラフを作っておくことです。

そのラフがあれば、スタッフ間で商品のコンセプトを共有する際にも役立つし、工場との打ち合わせにも使えます。

当社もECに進出したばかりでLP制作に慣れていない頃は、LPをイメージしながら商品開発に取り組むようスタッフに指導していました。

二つ目の要素である「信頼性」については、次の項目で詳しく説明していきます。

ECサイトの信頼は「自分で作るもの」だと心得よ

現物を手に取って確かめることができないECでは、実店舗以上に「信頼」がものを言います。

「LPで書かれていることは本当なのか」、「実際の使い心地はどうなのか」といった商品に対する信頼と、「何かあったときに誠実に対応してくれるか」というショップに対する信頼の両方を獲得できなければ、なかなか購入にはつながりません。

では、消費者は何をもって商品やショップの信頼度を測っているのかといえば、主に三つの要素から判断しています。

一つは、その商品が「売れている」という事実です。

自分以外にもたくさんの人が買っていることがわかれば、それだけで大きな安心材料になります。

もう一つは「レビューの内容」です。 少し古いデータではありますが、総務省の2016年版「情報通信白書」によると、ネットショップで購入する際にレビューを参考にしている人の割合は70～80％の人にのぼり、そのうち80～90％がレビューを読んで購入を決めたと回答しています。

そして信頼性を測る三つ目の要件が **「サポートの充実度」** です。

消費者は店側が思っている以上に、不良品への対応や保証期間の長さといったサポートの充実度を気にしているのです。

「信頼と言われても、ショップを立ち上げたばかりで実績がないから……」

そんなふうに思われる方もいるでしょうが、実はここで挙げた三つの要素は、ショップの努力次第では短期間で「作る」ことができるのです。

まずは「売れている証拠」を作る方法から見ていきましょう。

楽天における「売れている証拠」とはズバリ、**ランキング実績**です。

どのジャンルでも上位アイテムのLPはもれなく「○○ランキング1位！」のうたい文句であふれています。

「ランキング1位」と聞くと、ものすごい実績のように思えるかもしれませんが、楽天のランキングには「年間」「月間」「週間」「デイリー」「リアルタイム」の5種類があって、週間以上のランキングに入るのは本当の人気商品だけですが、「デイリー」「リアルタイム」なら比較的簡単に上位を狙え

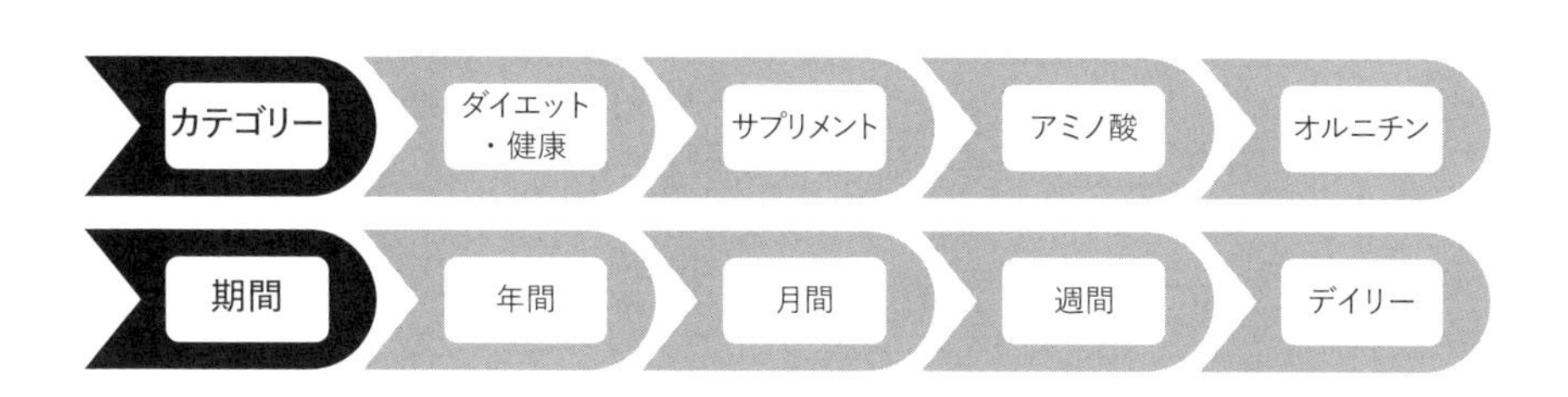

ます。

特にリアルタイムランキングは15分おきに更新されるので、その時間だけ集中的に広告を投下したり、数時間限定で超お得なクーポンを配布したりすれば、かなりの高確率で1位を取れてしまいます。

また、ジャンルによってもランキングの入りやすさは全然違います。

たとえば「ダイエット・健康」ジャンルの1位と、そのサブカテゴリーである「サプリメント∨アミノ酸∨オルニチン」の1位とでは、まったく価値が違います。

しかし、そこまで細かく見ているユーザーは多くありません。

デイリーだろうがリアルタイムだろうがマイナージャンルだろうが、とにかく「1位」という言葉がついていれば、それだけで安心・信頼してもらえます。

これはECに限った話ではなく、ドラッグストアに並んでいるシャンプーや化粧品にも「楽天ランキングで1位獲得！」といったPOPがついていることがあります。

ただ、よくよく見ると「ヘアクリーム部門　リアルタイム1位」など、そこまで価値が高くない実績だったりします。

それでも堂々とPOPに書くということは、とりあえず「1位」という文字がついていれば効果があるということです。

ですから実績がないストアの場合は、まずは当該ジャンルのリアルタイム1位を獲得することを目指すといいでしょう。

レビューについては、投稿数を増やすとともに、内容のいいレビューを書いてもらうことが重要になります。いいレビューを増やすテクニックについては、後ほど詳しく解説します。

ほんとうにいいと思うものを売るなら「100%返品保証」をつけなさい

ユーザーに信頼してもらうための三つ目の条件「サポートの充実度」については、お問い合わせには迅速かつ丁寧に対応するといった基本動作に加え、「100%返品保証」をつけることをおすすめします。

実績がないショップの、名前も知らないブランドの商品を買ってもらうためには、それくらいはしなければなりません。

そもそも、自信を持っておすすめできる「いいもの」を販売しているのなら、バンバン返品がくるようなことにはならないはずです。

返品保証を悪用するユーザーも「絶対にいない」とは言い切れませんが、そういう悪質なユーザーに当たるリスクよりも、ＬＰを見た人に「返品保証があるなら安心だ」と思ってもらえるメリットの方がはるかに大きいです。

私の会社でも１００％返品保証を導入しています。それは返品保証をつけた方が売れるからというよりも、**「自分たちがほんとうにいいと思った商品だけを商品化して売る」**という理念を裏打ちするためです。

今の消費者は、そうした企業の姿勢をよく見ています。

返品保証を採用することで、「いいものだけを提供する」という理念が単なるキレイゴトではなく本心からの気持ちだとわかってもらえると、今度は商品ではなく会社や理念にファンがつき、リピーターになってもらえる確率も高まります。単に商品を売るために返品保証をつけている会社とは、そこが大きな差別化になっていると自負しています。

二次被害を防ぎたいなら CSに人を割き、電話対応もやりなさい

ECにクレームはつきものです。検品をすり抜けて不良品が届いてしまったり、配送中のトラブルで商品が破損してしまったりという実害に加え、実物を見られないだけに「イメージと違った」というクレームも少なくありません。

大事なのは、こうしたクレームやトラブルをゼロにすることではなく、適切に対応することです。自分たちのミスで不良品を送っておきながら、返品・交換を求めるお客様を疑ってかかったり、「イメージと違った」という意見に対して「勘違いした方が悪い」と言わんばかりの対応をとったり、問い合わせを何日も放置したりしていると、商品やショップに対する不満がすべてレビューに向かってしまいます。

商品レビューが★1～2個の低評価で埋め尽くされてしまったら、その商品はもう売れません。本当はいい商品だったとしても、ユーザーに信用してもらえないからです。

そんな事態を避けるため、当社ではカスタマーサポート（CS）部門にもっとも多くの人員を割いています。

商品について問い合わせがあれば即座に回答し、商品が不良品だったという相談があれば、返品してもらうより先に新しい商品を送る手配をします。

こうした対応に加え、お客様の声を集約して各部門に共有することもCSの大事な役割です。商品の欠陥ではないものの「不便だ」「改善してほしい」という意見が多く寄せられた場合は、応急処置としてLPを修正して「この商品にはこういう部分があります」と注意喚起しつつ、開発者にフィードバックしてリニューアルの参考にしてもらいます。

商品に欠陥が見つかったり、クレームの件数があまりにも多い場合は、販売をストップします。そして部品交換などで直せる場合は直した上で販売を再開し、改善が難しい場合は原則廃棄します。不備や不満がある商品を売り続けることは「いいものだけを売る」という理念に反するからです。

問い合わせ窓口は、メールと電話の両方を用意するのが基本です。

メールでの問い合わせに即対応できるならメールだけでもかまいませんが、ほとんどの会社では、返信までに数時間のタイムラグが生じる可能性があるでしょう。そうなると、購入前の質問の場合は待っている間に買う気が失せてしまうし、購入後のクレームだとしたら、待たされるイライラも相まって、顧客の不満がさらにエスカレートしてしまいます。

そもそもメールというのはクレーム対応には不向きなツールです。特にクレーム内容がお客様の勘違いだった場合、口頭ならいくらでも言いようはありますが、文章で角が立たないように説明するのは至難の業でしょう。

その点、電話ならお客様に不都合なことでもオブラートに包んで伝えやすいし、すぐに連絡がつく分だけ怒りもおさまります。電話をかけてきた時点では熱くなっている方でも、丁寧に事情をお聞きして、１００％返品保証という会社の姿勢をお伝えすれば、だんだんと冷静さを取り戻してくださいます。

その上で、商品を送り返してもらうより先に交換品をお送りすれば、ほとんどの方は怒りをおさめ、レビューに罵詈雑言を書き込むようなことにはなりません。むしろ「不良があったけれど、親切に対応してもらえた」などと嬉しい評価を書いてくださる方もいます。

顧客は自分の不満が採用され経営参画体験をする

カスタマーサポート（CS）部門に寄せられるお客様の声や、商品レビューに書かれたコメントは、私たちに多くの気づきを与えてくれます。

試作品のテスト段階でも社外の意見を聞く機会はありますが、実際に商品が世に出回り、幅広い属性の方に使っていただくと、自分たちでは思いもしなかったような意見をいただけることがあるのです。

そうした貴重なご意見は、リニューアルや新商品開発に役立てるとともに、LPでも活用します。

たとえば商品への不満を訴えるレビューがきっかけでリニューアルを実行したときは、レビュー投稿者の許可を得た上で「**お客様からこのようなご指摘があったので、この部分を改良しました**」という開発ストーリーを掲載するのです。

このやり方にはいくつものメリットがあります。

まず、ＬＰを見たユーザーは「**顧客の声にきちんと向き合う会社だ**」という印象を持ってくれます。また、リニューアルのきっかけとなるレビューを書かれた方も「**自分の意見で会社が動いた。レビューを書いたことは無駄ではなかった**」と、満たされた気持ちになってくれることでしょう。

レビュー投稿を通じて経営参画の体験をすることで「不満」が「嬉しい」になり、ショップへの評価が１８０度変わるのです。

読者の中には、悪いレビューやクレームを恥だと感じ、ＬＰで取り上げることに抵抗を感じる方もいるかもしれませんが、ユーザーの意見を聞き入れて商品を改良することは、悪いどころかむしろ誠実な対応といえます。ほとんどのユーザーは、過去に指摘された不具合よりも、それを素直に認めて適切に対応した企業の態度を評価してくれるので、安心してアピール材料にしてください。

商品開発ストーリーは、ＬＰだけではなくＳＮＳで発信するのも効果的です。**中でも相性がいいのがインスタグラムで、ストーリーズや投稿を活用して新商品のコンセプトを伝えるとともに、フォロワーからアイディアを募集したり、商品開発の進捗状況を共有したりすることで、より多くの人に経営参画体験を味わってもらうことができます。**

もちろん商品が完成して販売がスタートした後は、購入者からのフィードバックを収集して商品の改善や顧客満足度の向上に役立てることも忘れないでください。

インスタグラムの投稿事例

買ってもらえるLPとすぐに閉じられるLPは「ここ」が違う

ＬＰで訴求すべき二大要素、すなわち「買う理由」と「信頼」の概要については、ここまでの説明でご理解いただけたかと思います。ここからは、それをＬＰで表現するためのデザインやキャッチコピーの付け方について考えていきましょう。

縦に長く作られることが多い楽天のＬＰですが、何と言っても大事なのは、サムネイルをポチっと押した後、最初に表示される「ファーストビュー」です。ユーザーはこのとき目に入る一瞬の情報で、見るに値するＬＰかどうかを判断します。どんなに気合を入れて作ったＬＰでも、ファーストビューでユーザーの興味を引けなければ、１スクロールもされないまま即閉じられてしまいます。

では、その途方もなく大事なファーストビューで何を訴求すべきかというと、**最優先すべきは「信**

頼」につながる情報です。「買う理由」も重要ではありますが、いきなり商品の本質に迫るのは少々重く感じるので、まずは「ランキング1位」か「高評価」か「返品保証」のいずれかを打ち出して「この商品・ショップなら安心そうだから見てみようか」と思ってもらう作戦がいいでしょう。

信頼につながる三大要素のどれを入れるかは、ショップの事情に応じて決めてください。「年間ランキング入賞」や「何週連続ランキング1位」といった堂々たる実績があるならそれを採用し、★4・5以上の高評価を得ているならそれをアピールし、返品保証が珍しいジャンルなら返品保証を前面に打ち出していくのです。

ファーストビューより下の、ユーザーがスクロールして見るエリアでは「買う理由」と「信頼」を軸に、さまざまな切り口から商品の魅力を伝えていきます。商品スペックなどの細かい情報は後回しにして、**まずは簡潔に商品の特長を伝えるよう意識してください。**文字は極力減らし、画像メインで展開していくことも大事です。

当社のヒートブラシのLPを例に説明すると、ファーストビューは「入荷&完売」の情報となっています。

具体的には「2023年3月入荷　※完売しました、2023年5月入荷　※完売しました」といった情報をズラリと並べた上で、「注文殺到のため、またすぐに欠品する可能性がございますのであらかじめご了承ください」と注意喚起しています。これができるのはもちろん実際に売れているからで、「信頼=売れている証拠」の変化球といったところです。

次に「自信があるから、できます！」というキャッチコピーで返品保証について言及。その後は商品画像、ランキング実績、高評価レビュー、お客様の声と続きます。途中で画像をはさむのは、文字情報ばかり続かないようにするためです。

LP制作のポイントは「事実」を羅列しないことです。

「ウチはいい商品を作っている！」という自負がある会社ほど、商品について詳しく知ってもらうことが信頼獲得への近道だと思いこみ、ファーストビューのすぐ下あたりから商品について詳しく説明したり、スペック表を掲載したりしてしまいがちです。

でも、ユーザーがそれを読んでくれるかと言えば、まず読みません。スペック表のような細かい情報を必要とするのは、すでに買うものがほとんど決まっている人だけです。「どれにしようかな～」とウインドウショッピング感覚でLPを訪れた人にそんな情報を与えたところで、目にも入らないでしょう。

そもそも、商品説明やスペック表を見て、それがいい商品かどうかを考えるのは、ユー

ザーにとっては面倒で負担の大きい作業です。それよりは「ランキング1位」「レビュー評価が高い」「完売間近」といった情報を与えてもらった方が、「なるほど、みんなが買っているならいい商品なのだろう」と判断できるため、ユーザーとしても好都合なのです。

ユーザーに好印象を与えるためにはデザインも重要です。楽天のようなボリュームのあるLPの場合は特に、デザインがごちゃごちゃしているとユーザーが嫌な気分になって離脱してしまうので、枠線などは極力使わず、シンプルにまとめるのが基本です。

文字や背景に使うカラーは、自然派の商品ならグリーン系、高級路線ならモノトーン系というように、商品の世界観が伝わるキーカラーを決めた上で、メイン1色＋サブ1～2色の3色以内に抑えるようにしてください。たまにフォントの色を変えまくっているLPを見かけることがありますが、目がチカチカして読みにくいし、どんなにいい商品でも安っぽい印象を与えてしまいます。

商品撮影は「見本」を提示した上でプロに頼みなさい

LPやサムネがいいものになるかどうかは、画像の質に大きく左右されます。いくらデザインやキャッチコピーを工夫したところで、画像が商品の魅力を存分に引き出すものになっていなければ、LPやサムネは生きてきません。

ですから写真撮影の経費はケチらず、必ずプロのカメラマンに頼むようにしてください。

それも、できればスタジオを借りて、実際の使用イメージがわくような写真を撮ってもらいましょう。たとえばハンモックを家の中で使ってほしい場合は、室内でハンモックに揺られてリラックスしているシーンを依頼するのです。

最近ではデジカメも高性能になり、シロウトでもそこそこの写真を撮れるようになりましたが、風景や人物の写真ならまだしも、物撮りに関しては圧倒的にプロに軍配が上がります。

当社もはじめは予算がなかったので、できるだけ自分たちで撮影しようと、自然光を使ってみたり、商品にちょっとした小物を添えて雰囲気を出したりと、いろいろ工夫していました。

当時はそこそこのクオリティの写真を撮っているつもりになっていましたが、見る人が見ればシロウト感丸出しだったのでしょう。なぜそんなことがわかるかといえば、お金をかけてプロのカメラマンに頼むようにしたとたん、アクセス数や転換率が大きく向上したからです。

とはいえ、ＬＰに掲載するすべての画像がプロの作品である必要はありません。ファーストビューやそれに近い画像については、見栄え重視でプロが撮ったものを使うべきですが、たとえばお客様の声を紹介するコーナーであれば、ユーザーが投稿してくれた画像をそのまま使わせてもらうのでも全然かまいません。

美しく加工した写真ばかりではなく、そうしたリアリティーのある画像があった方が、購入者はむしろ安心します。

カメラマンにイメージどおりの写真を撮ってもらうコツは「見本」を用意することです。単に言葉で「ハンモックの上で本を読んでいるところ」と伝えるよりも、それに近い画像を渡して「こんな感じでお願いします」と頼んだ方が、はるかにうまく伝わります。ベンチマークにしている商品のＬＰ画像を見せて「**イメージはこれに近いが、より親しみやすい雰囲気を出して差別化してほしい**」などとオーダーするのもいいでしょう。

競合のLPにイメージどおりの画像がないときは「ピンタレスト」で探してみるのがいいでしょう。ピンタレストはインターネット上の画像や動画を集めて保存・共有することに特化したSNSです。ファッションやレシピ、インテリアなどのジャンルに強いので、商品名やジャンル名で検索すると、おしゃれで雰囲気のいい画像がたくさん見つかります。

アパレル商品のように素材感が大事な商品の場合は、少なくとも1枚はアップの画像を入れるようにしてください。それがあるかどうかで売上が大きく変わる可能性があります。

たとえば当社が開発した財布は、収納力や使い勝手の良さが最大のウリなので、以前のLPではそこばかり訴求していました。けれどもアクセスが徐々に落ちてきたので、もう一つの強みである高級感を打ち出すべく革の質感がわかる写真を入れたところ、アクセスが戻ってきたということがありました。

「LPは文字ではなく画像メインで構成する」「写真は素材感がわかるように撮る」

といったことはECの基本であり、ほとんどの会社が意識していることでしょう。

しかし、だからこそ基本ができていないLPは他社から大きく後れを取ってしまいます。

私が以前コンサルを受けた会社では、マッサージガン（銃のような形状のマッサージ器具）のチラシを作るときに、ド派手な花柄の衣装を着た人がマッサージガンを持っている写真を採用しようとしていました。そんな写真では衣装や人にばかり目が行ってしまい、肝心の商品が目立ちません。少し考えればわかりそうなものですが、「目的に合った写真を撮る」という意識がないと、そんな頓珍漢なことをしてしまうことがあるのです。

思わずクリックしたくなる魅力的なサムネとタイトルの付け方

ＬＰと同等か、場合によってはそれ以上に重要なのが、検索結果に表示されるサムネです。

ＥＣモールのユーザーは、サムネの情報だけで競合商品と比較したり、興味があるものかどうかを瞬時に判断するため、自社のターゲットに刺さるような効果的なサムネを制作しないと、ＬＰを見てもらうことさえできません。

魅力的なサムネを作るコツは、消費者にもっともアピールしたい部分を打ち出し、余計な情報は入れないことです。

たとえば当社のヒートブラシのサムネは現在、白背景＋新色を含む3色の商品写真に「24週連続1位受賞」というコピーを乗せたシンプルなデザインになっています。このサムネはとても評判がよく、商品も「その他美容・健康家電ランキング」の上位にランクインし続けています。

一方、売れていないであろう商品の例として、同ランキング250位のブラシアイロンを見てみると、ストレートヘアの女性と商品が並んだ画像をベースに、カラーバリエーションを表す4色の丸印、そして「ブラシアイロン」という商品名が書かれています。

申し訳ないけれど、これはダメのお手本のようなサムネです。

まず、そこに女性が写っている意味がわかりません。実際にブラシを使ってスタイリングしているシーンならともかく、ストレートヘアの女性が微笑んでいるだけでは、商品との関係が不明瞭で訴求になりません。カラーバリエーションを表す丸印も、暗い色が多いのでほとんど目立たず、よく見ないとわかりません。

何よりダメなのが「ブラシアイロン」の文字です。それがブラシアイロンであることは画像を見ればわかります。貴重なスペースを使ってそんな当たり前のことを書くなんて、もったいないとしか言いようがありません。

しかもこの商品は、LPのトップにもサムネと同じ画像を使っています。せっかくのファーストビューに既出の情報を入れるなんて、これまた無駄以外の何物でもありません。この商品が実際にどういうものかはわかりませんが、サムネとLPを改良すればもっと伸びるのにと、他人事ながら残念に思ってしまいます。

商品名（商品タイトル）も、しっかり考えてつけましょう。

楽天の商品名は全角で127文字入るので、検索で表示されやすくなるように、ユーザーが検索しそうなキーワードをなるべく多く盛り込んでください。ヒートブラシの場合、比較的新しい商品のため呼び方が定まっておらず「ヘアブラシ」や「ヘアアイロン」などと呼ばれることもあるため、そうしたキーワードも入れています。

127文字の商品名のうち検索結果画面で表示されるのはPC版だと最初の30文字程度、モバイル版だと38文字程度です。この冒頭部分はユーザーの目に触れやすいので、【2022年間ランキング受賞】といった訴求ワードのほか【クーポンで○○％オフ】【マラソン限定価格】といったお得情報を盛り込むのもおすすめです。

サムネやタイトルは、一度作ったら終わりではなく、こまめに見直すことも大事です。タイトルはセール情報を盛り込むために定期的に修正するでしょうが、サムネは特に決まった修正のタイミングがないので、ぼんやりしていると何週間、何ヵ月と同じものを使い続けてしまいます。すると何が起きるかというと、サムネのデザインがいいものであればあるほど、他社にそっくりマネされて陳腐化してしまうのです。

ECでは、サムネやタイトルの模倣・焼き直しが横行しています。特に検索やランキングで上位にくる商品は「売れている＝サムネがいい」とみなされ、どんどんマネされます。残念ながらこれを防ぐ手立てはないので、同じようなサムネを作られてしまったら、知恵を絞ってもっといいサムネに変えるしかありません。「自分のショップが元祖なのに」と意固地になってずっと同じサムネを使い続けていると、アクセスは間違いなく落ちていきます。

こうしたケースに備えて、サムネはあらかじめ数パターン作っておくことをおすすめします。デザインを外注する場合でも、ＬＰ１件につきサムネを数枚制作してもらうというのは、よくあるケースです。

サムネが複数あれば、短期間でどんどん差し替えて、どのサムネの反応がいいかをテストすることもできます。この場合はもっともクリック率が良かったものから使い始め、マネされてしまったら次点のサムネに変更するという運用にすれば、無駄がありません。

自社レビューを徹底チェック！

日々のショップ運営においては、自社商品についたレビューをチェックすることも大切な仕事になります。

レビューをチェックする目的は二つあります。

一つは本書でも何度か言及してきたとおり、商品開発に生かすためです。

商品への不満を述べるレビューがついたとしても、緊急性が低い内容であれば次回リニューアル時の参考にする程度でかまいませんが、同じような不満を訴える人が続出し、悪い評価が増えてしまったときなどは、いったん販売を中止し、不満を解消したのちに新商品として売り出した方がいい場合もあります。

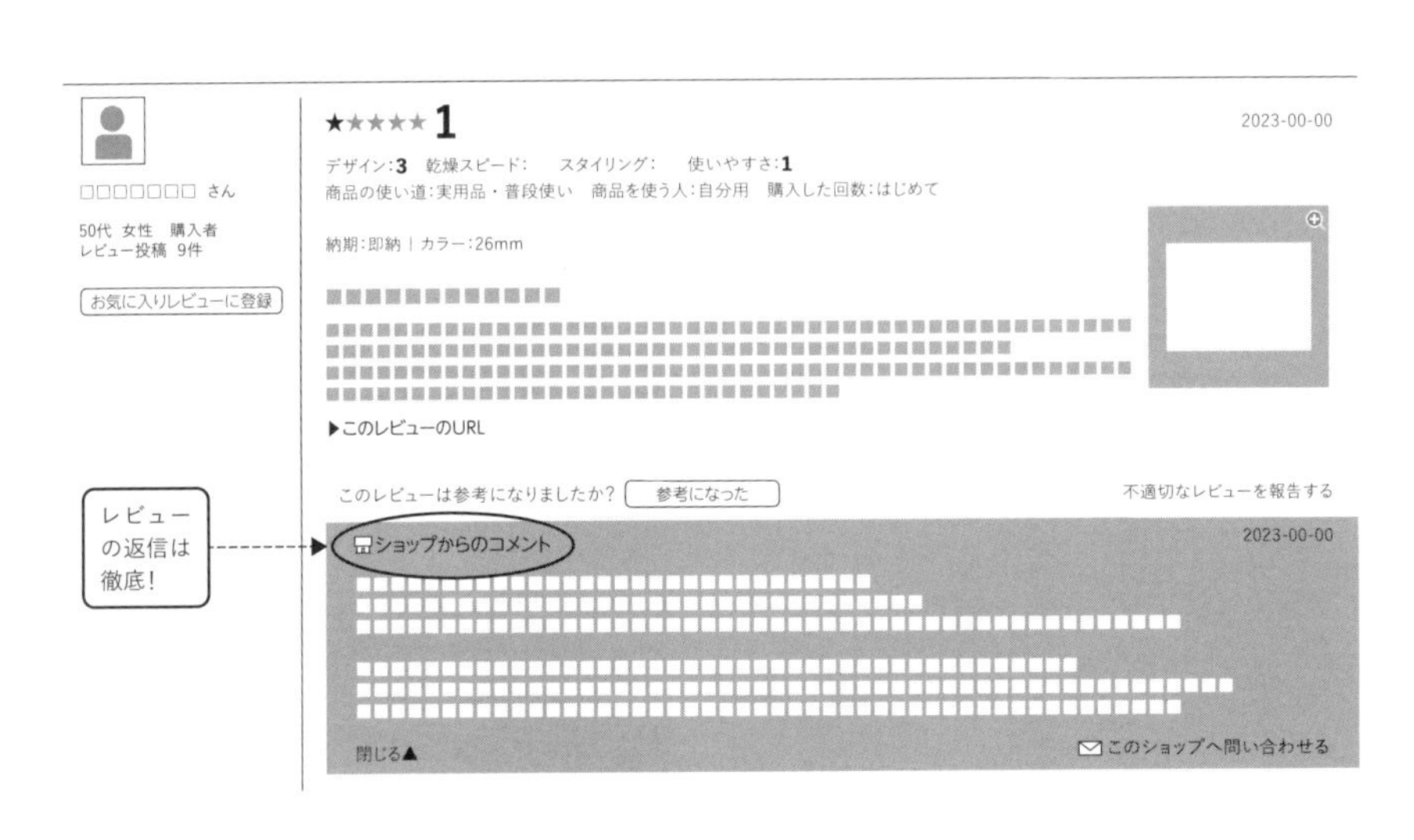

もう一つの目的は、レビューに対してきちんと回答するためです。いい評価であれ悪い評価であれ、お客様が貴重な時間を割いてわざわざ意見を書いてくれたのだから、それに対してお礼を述べるのは人として当然のことだと私は考えます。

特に悪いレビューには必ず返信すべきです。

悪いレビューは人目につきやすいので、返信せずに放置しておくと「ショップはこのクレームの内容を認めている」とみなされてしまう可能性があります。

といっても、ユーザーの主張に真っ向から反論するのはやめましょう。たとえ相手の勘違いであっても、その人が不満を感じたと言うのなら、そう思わせてしまったことは事実として受け止めるべきです。まずはご満足いただけなかったことを詫びた上で「この商品は実はこうなっております」と説明したり、返品交換も希望される場合は窓口に連絡してほしいといった旨をお伝えしましょう。そうすれば、少なくともそれを読んだ別のユーザーに対しては「不良や勘違いがあっても対応してくれる誠実な店」という印象を残せます。

時間と労力に余裕があるなら★4～5の高評価コメントにもお礼のコメントを書き込みましょう。

自分のレビューに反応があるのは嬉しいものだし、客観的にも好印象です。

一般的なレビューへのお礼などは定型文でもかまいませんが、クレーム寄りのレビューの場合、何でもかんでも「申し訳ありません、カスタマーセンターに問い合わせてください」というような定型文で対応しようとすると、話がかみ合わず火に油を注ぐことがあるので注意してください。

こうした「レビュー・コミュニケーション」をしっかり行うために、当社では専属のスタッフを置いています。「社員数20数名の規模でそこまでするのか」と驚かれることもありますが、レビュー対応を含むCSをおろそかにすると評価が下がって売上も伸びないので、必要な投資だと考えています。

「良いレビュー」は戦略的に増やしなさい

いい商品を提供し、丁寧な対応を心掛けたとしても、レビューを投稿してくれる人が増えるとは限りません。購入者のほとんどは心の中で「いい商品だったな」と思うだけで終わってしまうものです。

購入者にレビューを書いてもらう、それも、できれば「いいレビュー」を書いてもらいたいのであれば、それなりの仕掛けが必要になります。

ここでいう「いいレビュー」とは単に★の数が多いレビューではなく、それを読んだ人が**「そんなにいいなら、私も欲しい！」と思ってくれるような「情報」が盛り込まれたレビューです。**単に「使いやすい財布です」ではなく「カードや小銭が取り出しやすいので、会計時もたつきません」といった具体的な良さについて言及してほしいわけです。

とはいえ、常日頃から商品のキャッチコピーを考えている店側とは違い、買い手側には商品を褒める具体的なボキャブラリーが備わっていないのが普通です。そういう一般の方に「いい表現」でレビューを書いてもらうためには、**LPの中で「いい表現」を使い、ユーザーの脳裏に焼き付ける**必要があります。

消費者はLPを読んで「いいな」と思い商品を購入します。

そして届いた商品がLPのうたい文句どおりだったら満足し、LPに書かれていた表現を思い出しながらレビューを書くのです。

先ほど例に挙げた財布についても、LPで「出し入れしやすい」「レジの前でもたつかなくて済む」ことをアピールしていたからこそ、多くの人が「会計時もたつかない」というレビューを書いてくれているのです。

いいレビューが増えてきたら、LPでそのレビューを「お客様の声」として取り上げるのもいいでしょう。

当社でもヒートブラシや財布のように、実際の使い心地を知りたい人が多そうなアイテムについてはLPでお客様の声をたくさん紹介しています。

レビューを採用する基準としては、**内容がいいだけではなく、画像つきの投稿を優先してください。**

すると、ＬＰを見た人が「私も画像つきで投稿してみよう」と思ってくれる可能性が高まります。当社のヒートブラシのレビューに膨大なビフォーアフター画像が集まったのも、この戦略が奏功したからです。

もちろん投稿画像をＬＰに掲載する際には、投稿者に「ＬＰで使ってもいいですか」と使用許可を取っています。謝礼はなく、正真正銘ただの「お願い」ですが、断られることはめったにありません。わざわざ画像つきでレビューを投稿する方は「たくさんの人に見てほしい」と思っている方が多いので、自分のレビューがＬＰに転載されることに寛容で、断るどころか喜んでいただけることがほとんどです。

「悪いレビュー」が投稿されないよう予防線を張りなさい

いいレビューが購入を後押しする反面、悪いレビューは購入意欲をいちじるしく削いでしまいます。悪いレビューはショップに多くの気づきをもたらしてくれるとはいえ、件数的には少ないに越したことはありません。

お客様に不満を感じさせない最良の方法は「ほんとうにいいものを、お求めやすい価格でご提供する」ことに尽きるわけですが、どんなにいいものであっても、人には好みがあるため、不満をゼロにはできません。

たとえば当社のドライヤーは電源コードがすごく太いという特徴があります。パワーを出すとともにに、耐久年数を長くするためには仕方のないことで、太いコードは高級志向の証でもあります。

けれども、それまでライトなドライヤーを使っていた人がはじめて当社のドライヤーを手に取れば、十中八九「コードが太い！」「重い！」という感想を持つと思います。

それに対してショップが何も手を打たなければ、購入者は「重くて腕が疲れる」「コードが太くてじゃま」といったレビューを書くことになります。

そういうレビューが投稿されると、がぜん「重さ」や「太さ」に焦点が当たってしまい、デザインや性能が気に入って買ってくれた人まで「言われて見れば重いかも……」という気がしてきます。

その人がレビューを投稿するとしたら、「デザインや性能には満足していますが、重さが気になるので★4」ということになるでしょう。
★4個は悪い評価ではないものの、先人の「重い！」というレビューを見ていなければ満点だったことを考えれば、悪いレビューの二次被害といえます。**いいレビューがいいレビューを呼ぶのと同じように、悪いレビューも連鎖的に発生するのです。**
これを防ぐためには、予想される不満ポイントについてLP内で言及し、あらかじめ理由を説明しておくのがもっとも効果的です。

例のドライヤーの場合は「この重さにも理由があります」という見出しを立てた上で、電源コードが太いのは安全性と耐久性を追求して二重絶縁機能を持たせたためであることを説明しています。これは小さくこっそりアリバイ作りのように書くのではなく、目立つ位置に堂々と、あくまでもポジティブな特長として説明するのがポイントです。

このように予防線を張っておけば、悪い評価がつく可能性はぐっと低くなります。それどころか「コードの太さ・重さは安心の証」と好意的に受け止めてくれる人が増え、不満が満足に早変わりするのです。

SEOは「まとめて」ではなく「毎日」見なければ意味がない

ECショップを運営するにあたり、もっとも重要な指針となるのがSEO分析です。SEO分析とは、自社商品および競合商品のランキングや検索順位などを分析し、どのような商品が売れていて、どういうアイテムが落ち目になってきているかをチェックすることをいいます。

SEO分析は、数日おきや1週間まとめてなどではなく、毎日行うのが基本です。順位が上下した原因は、数日も経つとわからなくなってしまうからです。

たとえば自社商品の順位がある1日だけ急に上がったとして、すぐに気づいて原因を調べれば「自社だけが広告を出し、競合は出していなかったからだ」、「メディアで自社商品が取り上げられたからだ」といったことがわかります。これが数日後になると、自社はともかく他社のことは調べる手立て

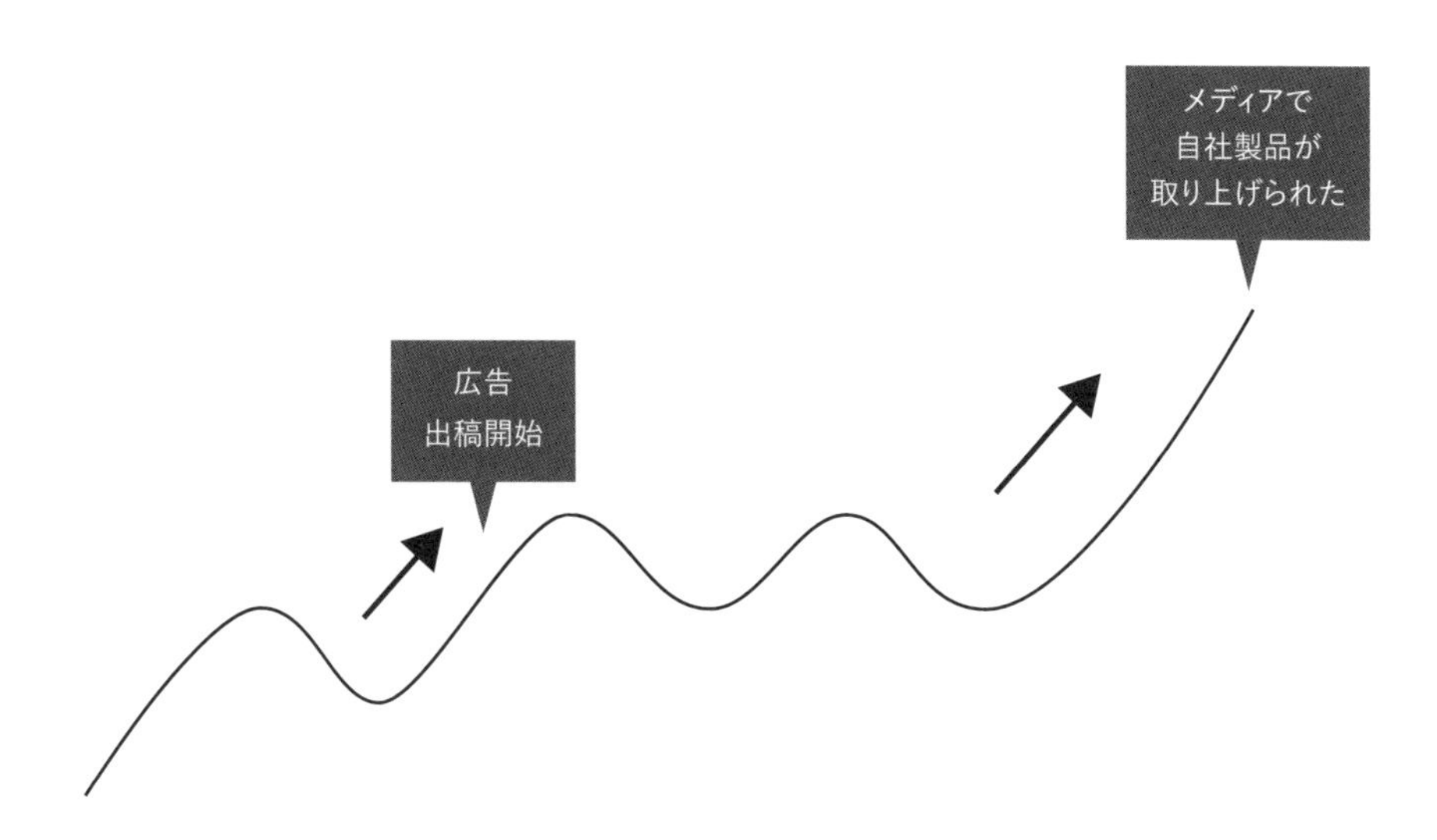

がないので、アクセスが増えた原因を特定できないまま、あいまいな推測に基づいて行動せざるを得なくなります。

反対に売上が落ちたときは、自社だけが落ちたのか、カテゴリー全体が低調なのかを知ることが重要です。それによって取るべき対策が大きく変わってくるからです。

リアルタイムでSEOを追いかけていれば、他社商品や上位カテゴリーのランキングを確認することで、自社商品を取り巻く市場の状況を大まかにつかむことができますが、これも数日後では難しいでしょう。

アクセスが落ちたらサムネと広告を変え、転換率が落ちたらLPを変えなさい

ランキングや売上と並んで重要になる数値が「転換率」です。

転換率はコンバージョンレート（CVR）とも呼ばれ、LPにアクセスしたユーザーのうち、何割が購入に至ったかを表す数値です。ほかにも客単価やリピート率など押さえておきたい数値はいろいろありますが、EC初心者はとりあえず**「売上、ランキング順位、アクセス数、転換率」**だけ押さえておけば十分です。

では、それぞれの数値が良くない場合はどんな対策を取ればいいのでしょうか。

LPへのアクセスが少ない場合、原因の大半はサムネと商品名にあるので、**サムネと商品名をセットで見直しましょう。** このほか広告も有効な手段ですが、広告については説明すると長くなるので、

本章後半で扱うこととします。

一方、転換率が悪いということは、せっかくＬＰまで来てくれたお客様が「やっぱりいらない」と判断して帰ってしまうことを意味しているので、ＬＰできちんと**「安心」と「必要性」**をアピールできているか再度確認し、必要に応じて修正してください。

これらの措置でアクセス数と転換率が改善されれば、売上とランキングはおのずとついてくるはずです。

ライバル社の新商品、LP、PR、メルマガ、SNSやセール情報などをチェックせよ

楽天市場では年4回の「楽天スーパーセール」や月1～2回の「お買い物マラソン」など、毎月何かしらのイベントが開催されています。

イベント期間中は商品がセール価格になったり、ポイントが貯まりやすくなるため、普段より多くのユーザーが楽天にアクセスします。

このチャンスを有効に使えるかどうかで、ショップの売上・利益は大きく変わります。

具体的にどのような施策が効果的かはジャンルによって異なるため、慣れないうちはベンチマーク企業の戦略を参考にするのがいいでしょう。

ライバル会社がどのような新商品を出し、いつ、どんな販促キャンペーンを行っているかなどは、

外部からこまめにチェックするよりも、その会社の商品を買って「お客様」になるのが一番手っ取り早いです。

ライバル社の商品は、研究開発や工場とのすり合わせなどさまざまなシーンで役立つので、気になる商品があれば迷わず購入してください。

このとき忘れずにやってほしいのがメルマガの購読です。

楽天の場合は、注文確認画面でそのショップのメルマガを購読するかどうかを選択するのですが、デフォルトで「購読する」にチェックが入っているので、間違ってチェックを外さない限りメルマガは自動でついてきます。

ライバル社のメルマガはマーケティング情報の宝庫です。

申し込んでおけば新商品が出るたびに教えてもらえるし、セールやクーポン配布のお知らせも届きます。これを1～3ヵ月間も購読していると、「お買い物マラソン」への対応方法やクーポンの種類、割引率、出す頻度など、ライバル社の動向が手に取るようにわかるので、仕掛けの作り方など、参考にできる部分はどんどんしていきましょう。

ほかにも商品購入後に届くお礼のメールや、商品に入っている同梱物、そこに載っているSNSの案内なども、くまなく目を通してください。一般ユーザーとして買い物をするときは軽く流していたような情報も、業者目線でチェックしていくと、新しい発見がたくさんあるはずです。

いいものを求めやすい価格で提供しつつ、こうした細かな取り組みをしていれば、売上は必ずついてきます。商品力に加え、ＬＰやサムネ、キャンペーン内容など、すべてにおいてライバル社を上回ることができれば、顧客をごっそり奪うことも可能です。

ただし、それは相手側にも言えることです。いいクリエイティブや施策ができたからといって油断せず、常に改善策を考え続けることも忘れないでください。

ときには大手の「作品」も見てみよう

楽天のメルマガは、ターゲットに直接自社の情報を届けられる重要な販促ツールです。

特にスーパーセールやお買い物マラソンのスタートダッシュに合わせたメルマガは売上につながりやすいので、積極的に活用したいところです。

ただし、メルマガは送れば必ず読んでもらえるというわけではなく、開封率は平均20％程度と言われています。

楽天のメルマガはメール配信料として1通当たり1円（税別）の費用がかかるため、開封されなければ送り損になってしまいます。

開封率はタイトル、つまりメールの件名に大きく左右されます。

ユーザーは件名を見た瞬間に「自分に関係あるかどうか」「読む価値があるかどうか」を判断するため、開封してもらうためには、相手の興味を引けるような魅力的な文言を連ねなければなりません。

私の経験上、思わず開封したくなるのは「お得感」があり、かつ「今すぐ開封しなければ！」と思わせるメルマガです。

自社のメルマガでいえば「早割り開始！　本日お買い物マラソン&5がつく日、云々」がそのパターンで、冒頭で早割（今だけの限定的な特典）を提示することで「損をしたくない」というユーザー心理に訴えています。

なお、メルマガの件名はトータル30文字前後におさめ、前半15文字に重要事項を入れてください。スマホのメールアプリで1行に表示される文字数が15〜20文字だからです。

楽天のメルマガは「R-Mail」という機能を使って配信します。

ここにはメルマガ本文を作成しやすいテンプレートが含まれるため、初心者でも比較的簡単にメルマガを作成できるのですが、やはり最初のうちは何をどう書けばいいか迷うことが多いと思います。

そんなときは、やはり他社の作品が参考になるわけですが、メルマガに関してはいつもベンチマークにしているライバル企業だけではなく、ジャンルを超えた大手トップ企業のものも見てみてください。

大手企業はいいメルマガの作り方を研究しているし、実際に書いているのも文章のプロであることが多いので、言葉の表現が洗練されています。さすがに丸パクリはダメですが、応用できる部分はどんどん取り入れるといいでしょう。

広告はRPP広告を活用

楽天で売上を伸ばすために欠かせないのが「広告」です。

サムネやタイトルを工夫するだけでもアクセス数は上がりますが、やはり最大のカンフル剤となるのは広告です。

楽天にはさまざまな種類の広告があります。

そのうち真っ先に検討したいのがＲＰＰ広告（Rakuten Promotion Platform）で、これは検索結果の上位に自社商品を表示してもらうための、いわば楽天市場におけるリスティング広告です。

ＲＰＰ広告をかけた商品は、検索結果画面に［ＰＲ］の文字とともに表示され、ＰＣなら１ページ当たり上位４位、スマホの場合は上位６位が広告枠の上限となります。

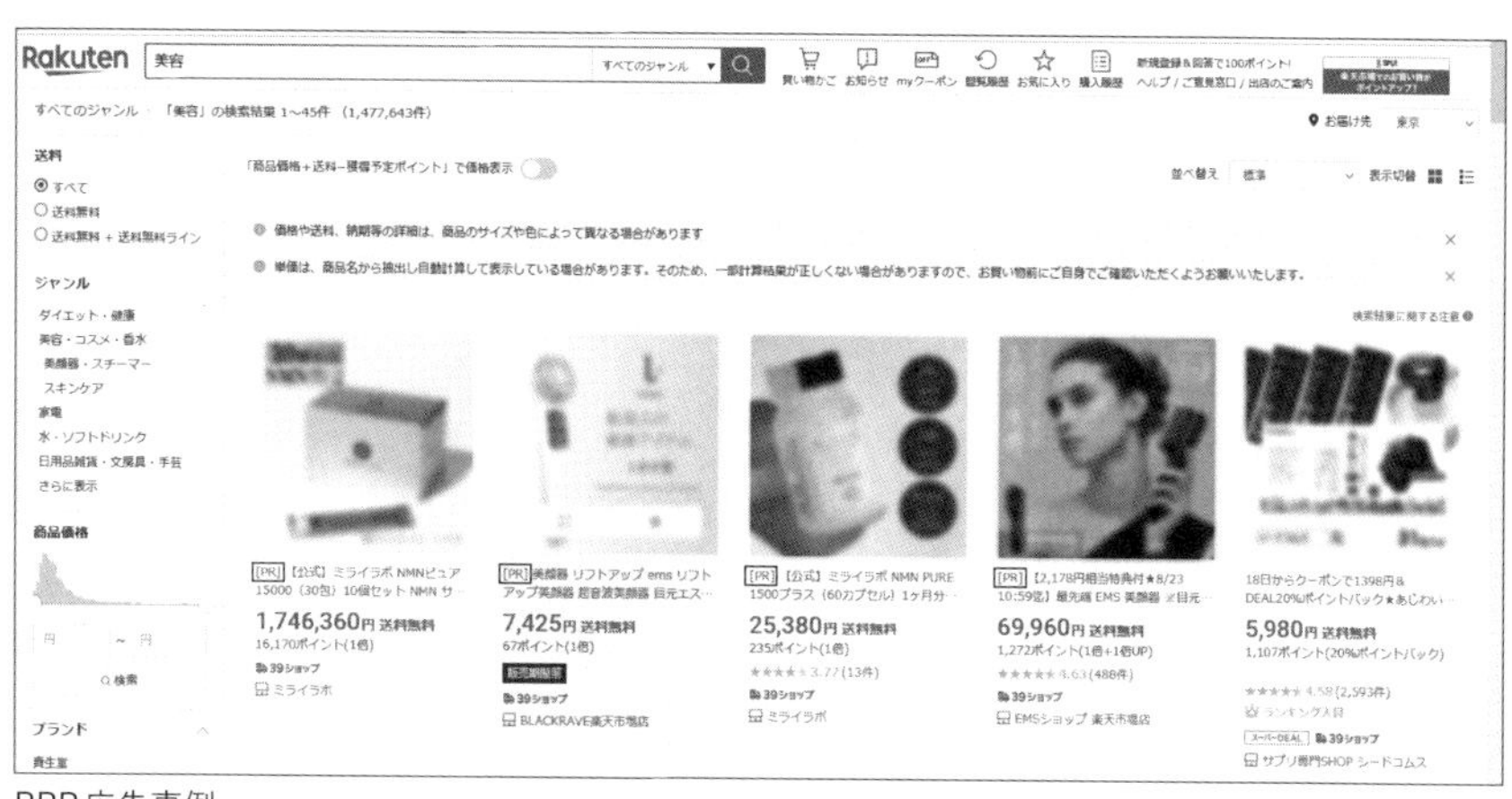

RPP広告事例

RPP広告は購入意欲の高いユーザーに効率的に訴求できる上、クリック課金のため無駄もありません。月額5000円程度の低予算から始められ、予算を柔軟に設定できる点も初心者向けといえます。

楽天市場の外から流入を目指す外部広告としては、同じく低予算でスタートできる**SNS広告がおすすめです。**

SNS広告にもさまざまな種類があります。

Facebookやインスタの場合は、タイムラインに表示される広告が主流で、1日1000円など予算を自由に設定できます。

また、課金システムについてもインプレッション数に応じて発生するインプレッション課金、クリック数に応じて発生するクリック課金などから選べます。

どのSNSを主戦場とするかは商品やターゲットによりますが、最初から一つに絞らず、ABテストで効果が高い方を選択することが大切です。

具体的には、SNSがよく見られる時間帯（18〜20時あたり）を指定して、1000円がどれくらいの時間で消費され、どれくらいの流入があったかをチェックします。

こうしたテストを1～2ヵ月間ほどおこない、「いける！」と思った媒体に広告費を投入していくのです。

弊社では、広告の予算は売上の6～12％を目安としています。これ以上かけてしまうと利益が残らなくなるし、かといって**広告ゼロで戦えば苦戦は必至だからです**（それぞれの会社で、利益がでるラインは変わると思うので、参考値としてお考えください）。

ECの場合は、どんなにいい商品でも広告を出さないとユーザーの目に留まりにくいので、最初から「広告は出すもの」と覚悟し、商品の価格も広告費ありきで設定するようにしてください。

さて、ここまで細かい広告の話をしてきましたが、当社では広告運用は**外部のプロに一任しています**。広告というのは単にお金を出せばいいわけではなく、媒体の相性や出稿のタイミングなど、さまざまな要素がかみあわないと効果が出にくいので、自前でやるのは大変すぎると判断したのです。

ですから読者の方にも、基本的に広告運用は外注することをおすすめします。ただし、その場合もいきなり大きな金額で話を進めていくのではなく「最初は低額でテストをしてほしい」という要望はきっちりと伝えるようにしてください。

外注？ 内製？ デザイン、梱包、倉庫問題など外部委託部分のスキーム構築

ＥＣショップには商品の企画・製造からＬＰやサムネなどのクリエーティブ制作、広告・プロモーション、受注処理や在庫管理、出荷、配送、アフターフォローと、実にさまざまな分野の仕事があります。

これを行うスタッフを自社ですべて囲い込むのは現実的ではなく、ロスを排除するためにも外注を上手に使っていく必要があります。

外注スタッフはその分野のプロフェッショナルであり、自己研鑽のための勉強や情報収集も欠かさない人たちです。

そのレベルの人材を社内で育てようと思ったら、育てる側も学ぶ側も大変な時間を取られることに

なります。育成中は売上にもそこまで貢献しないでしょうし、トレンドが変わるたびに新しい知識を入れ直す必要があるので、当人のプロ意識がないと続きません。

そこに労力を注ぐくらいなら外部のプロを頼った方が効率がよく、何か問題があれば外注先を変えるだけでいいからリスクも少ないのです。

当社は「少人数で高収益」を目指しているので、積極的に外注を使います。

写真撮影やＬＰ制作などのクリエーティブ関係と広告運用については完全に外注です。商品の仕入れや工場とのやり取りは、当社は自前でおこなっていますが、通関業務に詳しいスタッフがいない場合は商社などを介した方がやりやすいと思います。

反対に、**商品の企画・選定は１００％内製です。**

「ほんとうにいいものを、お求めやすい価格でご提供する」という社是を掲げる会社として、ここだけは外注に出すわけにはいきません。また、ＣＳ部門も顧客満足度を左右する重要なポジションなので、自社のスタッフがやるべきだと考えています。

通販の場合はこうした事務的な業務に加え、梱包や出荷といった物流業務も発生します。

これらの業務をすべて自前で行うのか、一部を外部に委託するのかによって、物流コストは大きく変わってきます。

楽天とAmazonは、荷物の保管や梱包、発送、返品対応といった物流業務を一括して代行するサービス「楽天スーパーロジスティクス」や「フルフィルメント by Amazon（ＦＢＡ）」を提供しているので、それを活用するという手もありますが、当然ながら相応の手数料がかかります。

しかも、これらのサービスを使ったとしても一から十まで完全にお任せできるわけではなく、商品をモールの倉庫に預けるための手続きなど、自社でやらなければならない作業もそれなりに発生するため、取扱量が少ないうちはそこまでメリットが大きくありません。

少なくともECビジネスが軌道に乗るまでは、物流に関する作業は基本的に自社で行うものと考えた方がいいでしょう。

実を言えば当社も3～4年前までは梱包、発送、物流管理などの作業は自社でやっていました。週明けなど出荷業務が集中したときは、全スタッフが自分の仕事を一時中断し、みんなで出荷作業を行うことも多々ありました。

内製から外注に切り替える目安としては、出荷量が1日10個、月300個くらいになってから検討するのがいいでしょう。

梱包や出荷の作業は金額に関係なく発生し、1万円のものを送るのも100円のものを送るのも作業自体はほとんど変わらないので、外注に出すかどうかは金額ではなく個数を基準に考えるのです。

出荷量が月300個未満でも大変は大変でしょうが、そこは勉強だと割り切ってください。当社も最後の方は苦労しましたが、だからこそ商品がどのように保管・運搬されるのか、誤送や箱の破損といったクレームはなぜ起きるのかなど、物流への理解が深まりました。

どんな仕事でもそうですが、物流業務もやってみてはじめてわかることがたくさんあります。たとえば、商品を守るためのプチプチ（気泡緩衝材）は必要かどうか。使う場合は、1ロールでも相当かさばる気泡緩衝材をどこに置くのか。あるいは輸入した商品をどういう形でお客様に届けるか。工場から届いた箱に直接送り状を貼って送るのか、別の段ボールに入れて送るのか。また、商品を倉庫に預けるにしても、保管料は荷物の数やサイズ、期間によって変動するため、最適な料金プランを選択しつつ、そのプラン内におさまるように在庫を管理することも必要になります。

しかも、これらの物流コストは商品価格に転嫁しなければなりません。物流がわからなければ、適正な価格を設定することはできないのです。そうしたことを肌感覚として理解するためにも、自社スタッフが物流に携わる期間は絶対に必要だと考えています。

第6章

理念を伝えてブランド力を高める「タグライン戦略」

大手に丸パクリされても揺るがなかった「アルザス」の強さ

当社の看板商品のひとつに、アルザスのクリスマスツリーがあります。クリスマスツリー発祥の地と言われるフランスのアルザス地方にちなんで名付けたこのツリーは、生木と見紛うほどのリアルな葉と美しいシルエットが特長です。

売れ筋の１２０～１８０㎝サイズは1万円台、最大の２４０㎝サイズは2万円台後半と、クリスマスツリーとしては比較的高価格であるにもかかわらず、アルザスはいつも入荷即完売――。

２０１７年から6年連続で楽天市場ホビーランキング1位を獲得し、累計販売本数は12万本を突破するロングセラーとなっています。

楽天市場において他の追随を許さないアルザスは、８月中旬の発売日から完売するまでの間、１日も首位の座を明け渡すことなく圧倒的な支持を集めます。あまりにも人気が高いので、11月中旬にアルザスが完売しないと、ほかのツリーが売れないとまで言われています。

しかしながらECはパクリの多い世界。2021年、ついにアルザスツリーを模倣した「偽物」が登場しました。

それを作ったのは当社よりはるかに規模の大きい上場企業でした。

枝葉のボリューム感の出し方や、黒地に金縁のパッケージ、サムネやLPの作り方まで、Web上で見る限りアルザスそっくりで、商品名もアルザスをもじったような名前がつけられていました。それでいて値段はアルザスの半分程度なのです。

見た目も名前もそっくりなツリーが、かたや1～2万円、かたやその半額で売られているのだから、今年はユーザーの多くが模倣品に流れてしまうかもしれないと、私は心の中でひそかに覚悟しました。

しかし、心配は杞憂に終わりました。**半額の模倣品が出現してもアルザスの売上はまったく落ちることなく、むしろ例年より早いペースで完売したのです。**これにはスタッフ一同、驚きを隠せませんでした。

アルザスが模倣品に完勝できたのは「**品質**」と「**ブランド力**」の賜物だと分析しています。品質については、模倣品はおそらく大したことがないだろうと予想していました。

いくら大手とはいえ、アルザスの半額で、アルザス並みのクオリティーを実現できるはずがないからです。

予想は大当たりで、実際に購入して確認したところ、いろいろ欠点が目立つ商品でした。

たとえば、第4章でも触れたとおり葉がビニールで包まれているせいで、開梱や組み立てが難しい。枝葉についても見栄えが良かったのは最初だけで、動かすたびに葉が落ちるものだから、徐々にボリュームが失われてみすぼらしくなっていきました。

一方、**アルザスの品質は「不満マーケティング」に下支えされています。**

2014年に発売された初期型のアルザスは、枝1本1本を支柱に挿して完成させるタイプで、支柱の色はブラウンではなくよくあるグリーン、シルエットも日本の住宅に置くにはややワイドでした。そこからお客様の不満の声をもとに毎年改良を重ね、より組み立てやすく、リアルで見栄えが良く、置き場所も取らない今の形に進化してきたのです。

「そうしたストーリーを理解することなく表面だけを模倣したとしても、いいものができるはずがない」。

私たち社員はそう確信していたものの、消費者の方々にそれが伝わっているかどうかについては一抹の不安もありました。それが模倣品に完勝したことで、私たちとお客様の絆を再確認できた形となり、社員一同、心の底から安堵と喜びを感じた出来事でした。

マーケティングの第二段階は「ブランディング」

アルザスが大手企業に丸パクリされても動じなかったのは、確固たるブランド力があったからです。

ECに参入した直後はブランドを育成する余裕は持てないでしょうが、ある程度のシェアを取れるようになってきたら、マーケティングの第二段階としてブランディングに力を入れていくことも大事になります。

ブランドへの共感や信頼を育むためには、前提として確かな理念やコンセプトが必要になります。

アルザスを例に説明すると、クリスマスは子どもにとって1年で1番楽しく幸せな日であり、その記憶は特別な思い出として残ります。

私たちの願いは、クリスマスの楽しい思い出を振り返ったとき、いつもそこにアルザスのツリーがあることです。ただし、そのような存在になるためには、ツリーが長く愛されるものでなければなりません。すぐに壊れたり、飽きられたりして、毎年のように買い換えられるようではダメなのです。アルザスのツリーが丈夫で使いやすく、飽きの来ないデザインである背景には、これ以上買い換える必要がない「最後のクリスマスツリー」として毎年ずっと使い続けてほしいという想いがあるのです。

アルザスが多くの方に愛されているのは、デザインの美しさや性能の高さもさることながら、こうした理念、コンセプトに共感してくださる方が多いからだと考えています。

そしてまた、アルザスというブランドが育つにつれて、それを展開している企業の責任も増していきます。子ども時代のキラキラした思い出と強く結びつき、人々の心の支えになるような商品を売る会社が、自社の営利だけを考える利己的な会社であってはなりません。

夢や理念を売る会社には、それにふさわしい振る舞いが求められるのです。

では、当社はそうした社会の期待にどう応えようとしているのか。

当社はもとより「ほんとうにいいものを、お求めやすい価格でご提供する」をモットーに、顧客の不満や不便を解消する商品開発に力を注いできました。**コーポレートサイトでも「私たちの商品によって、感動・幸せを与えられる企業」になることが目標だと明言しています。**これらは嘘偽りのない本心を言葉にしたものですが、理念は文字で掲げるだけではなく、実際の行動で示さなければ意味がありません。

だからこそ当社では100％返品保証を採用しました。

保証期間が多少過ぎていたり、お客様の勘違いや期待のしすぎが原因だったとしても、原則すべて返品に応じます。

また、今後はSDGsや社会活動にも力を入れていく方針で、途上国の児童養護施設にクリスマスツリーを送ることも計画しています。こうした活動の積み重ねが企業への信頼となり、ひいてはブランド力を高めることにつながるのです。

大勢の顧客と交わす目に見えない約束の糸

多種多様なブランディング戦略の中でも、当社が特に重視しているのが「**タグライン**」です。

タグラインとは、商品に込めた理念やアイデンティティーを短く簡潔に伝えるためのフレーズで、企業や商品のブランドイメージを強化し、消費者に印象付ける役割を果たします。

有名なタグラインとしては、ナイキの「Just Do It.」やアップルの「Think different」、ニトリの「お、ねだん以上。」、小林製薬の「あったらいいなをカタチにする」などが挙げられます。

タグラインはキャッチコピーと混合されがちです。

どちらも短い言葉でメッセージを伝えるという点では共通していますが、タグラインがブランドの姿勢を定義するものであるのに対して、キャッチコピーはその名のとおり〝キャッチー〟な言葉で消費者の気を引くためのもので、ブランド強化ではなく販売促進のために使われます。

アルザスのクリスマスツリーを例に挙げると、**「思い出とともに、いつまでも」**がタグラインであり、楽天のLPに載せている**「まるで本物。最高級のクリスマスツリー」**や**「毎年、楽天で一番売れているクリスマスツリー。」**などがキャッチコピーにあたります。

ブランド力が小さいうちは、タグラインの効力も限定的です。

無名の会社やブランドがタグラインで理念を伝えようとしても、消費者に興味を持ってもらうことは難しく、「理念が素晴らしいから買おう」ということにもなりません。

この時点では、タグラインを作るよりも、魅力的なキャッチコピーを考えて商品のシェアを伸ばす方がより重要になるでしょう。

ブランディングはあくまでもマーケティングの第2段階として取り組むべき課題なのです。

ただし、タグラインとして明文化するのはまだ先の話だとしても、タグラインに相当する想いや理念は、早くから持っていてほしいと思います。自分たちはなぜこの商品を売るのか、何のためにEC通販をやっているのかという方向性が定まっていないと、いいものは作れないからです。

そうした確かな軸を持っていいものを提供していれば、必ずファンは増えていきます。

アフターサービスや返品保証といった誠意あるビジネスをしていれば、企業への信頼度も高まります。そのタイミングでタグラインを作れば、多くの人の共感を得られることでしょう。

有名企業のタグラインをマネするともれなく失敗する

ナイキのタグライン「Just Do It.」は、広告業界でもっとも成功したキャンペーンの一つとされています。1988年に誕生したこのタグラインは、ナイキの哲学を体現するものとして多くのアスリートに勇気を与えるとともに、ブランドイメージを高めて競合との差別化につながりました。

このようにナイキの「Just Do It.」は非常に優れたタグラインなのですが、それは単に「Just Do It.」というフレーズがキャッチーだからではなく、ナイキの本質を捉えているからです。

仮にナイキ以外のスポーツブランドが「Just Do It.」を打ち出したとしても、実際の企業の姿勢やデザインとどこかちぐはぐで、消費者の心に強い印象を残すことはなかったでしょう。

タグラインはあくまでも、その企業や商品が大事にしている価値や理念を凝縮したフレーズでなければなりません。いくらカッコよく、いい感じのコピーを作っても、**普段やってることと一貫性がなければ、消費者の共感を呼ぶことはできないのです。ここを勘違いしている企業はとても多く、日本企業でありながら英語のタグラインをつけてしまうのはその典型でしょう。**

タグラインを英語にした瞬間、意味を理解できる日本人は激減します。それなのに英語を採用する理由は何でしょうか。

英語のタグラインは、たとえブランドの本質に迫る内容だったとしても、ユーザーから受け入れてもらえないリスクが高いので避けるべきです。日本企業が、日本で暮らす老若男女に自社の想いを知ってほしいと考えるなら、タグラインは当然日本語にすべきなのです。

もちろん日本にも、多くの人に親しまれている英語のタグラインは存在します。ナイキの「Just Do It.」もそうですし、マクドナルドの「i'm lovin' it」や日立製作所の「Inspire the Next」もなじみ深いです。

ただし、これらは超有名企業だからこそ成り立つコミュニケーションです。

マクドナルドがハンバーガー屋であり、日立が総合電機メーカーであることはみんなが知っているから「i'm lovin' it？　よくわからないけど私もマックは好きだよ」、「次の時代をインスパイアする、つまり日立は新時代に進もうとしているのだな」とイメージでき、定着していったのです。

これがまったく知らない企業だったら「よくわからない会社が横文字でなんか言っているな」と思われておしまいだったでしょう。

まずは商品への想いを語ることから始めよう

では、タグラインはどのように作ればいいのでしょうか。

形式としては「**短く、わかりやすく**」が鉄則です。

短さの目安としては、文字数にすると10〜20文字、Webサイトや販促物に表示したとき1〜2行におさまる程度です。

わかりやすいフレーズにするためには、英語や難解な表現は避け、消費者に直接話しかけるような言葉を選ぶといいでしょう。タグラインで何を言わんとしているのか、もう少し説明したいという場合は、「**ステートメント**」と呼ばれるタグラインを補足する文章を添えるという手もあります。

タグラインの中身（内容）については、企業のタグラインなら「どんな会社でありたいのか」、商品やブランドの場合は「なぜこの商品を売りたいのか」を言語化するのが一般的です。

ものづくりに携わる人間なら誰しも「なぜこの商品を作るのか」という想いを持っていると思います。それを率直に言葉にしてみたら、きっと相手は「なるほど、そういうわけか」とわかってくれるでしょうし、それを煮詰めていけば、必ずいいタグラインができあがるでしょう。

当社でタグラインを作るときは、その商品の開発や販売に直接携わっている、思い入れがあるメンバーだけを集めてブレストをおこないます。無関係な人は「うまく見せよう」「いいことを言おう」という方向に意識が向き、とってつけたような言葉しか出ないのでメンバーには加えません。

アルザスツリータグライン

その点、**商品に本気で惚れこんでいる人の言葉は、泥臭くても伝わるものがあります。**なぜこの商品を作ろうと思ったのか、買った人にどんな感動を届けたいのか。そうした想いをキーワードとして書き出した上で、それらを組み合わせたり、言葉を足したり削ったりしながら、タグラインの方向性を探っていくのです。

最終的にタグラインとして完成させる作業はプロのコピーライターに任せたとしても、素材となるキーワードは、必ず社員の本心から絞り出さなければなりません。

「タグラインを作るのは大変そうだ」と思われた方もいるかもしれませんが、最初から完璧なものを作る必要はありません。

ナイキやマクドナルドのような超大手がタグラインを変えるとなったら大事（おおごと）ですが、そこまで知られていない中小ブランドなら、**リニューアルのたびにタグラインを変えて、しっくりくる表現を探っていくという方法でもまったく問題ありません。**

アルザスのクリスマスツリーも、今は「思い出とともに、いつまでも」というタグラインを採用していますが、その前は「日本で唯一のクリスマスツリー専門ブランド」という打ち出しでした。記憶に残るツリーを届けたいという想いも、日本唯一の専門店として品質を追求している点も、どちらもアルザスの大きな特色ではあるものの、今回は「アルザスの世界観を情緒的に訴えたい」という理由で現行のタグラインに変更しました。

一方、新規事業としてスタートしたサプリメントのタグラインは、いまだ模索中です。

薬機法がらみで表現が難しいこともあり、なかなか正解がわからない中、発売当初は暫定的に〈本物サプリは「実感」出来る。〉というタグラインで展開していました。

それがある日、担当スタッフと何気なく話をしていたら「体って栄養からしかできないし、結局、栄養がすべてだよね」という言葉が出たのです。それがとても印象的だったので、そこから〈栄養がすべて　3ヵ月で「カラダ」が生まれ変わる〉という新しいタグラインが生まれました。

このときも「栄養がすべて」の前に「結局、」をつけるかどうか、体は平仮名かカタカナか、1行で表示する場合はどれくらい行間を開けるかなど、細々としたテクニカルな調整は外部のプロと一緒に考えましたが、素材となるキーワードは社員の生の声から生まれたものです。

LPから同梱物まで、あらゆるシーンでタグラインを添える

タグラインができたら、それをLPや同梱物など、あらゆる場所にさりげなく入れていきましょう。

購入意欲をかきたてるキャッチコピーとは違い、タグラインは社会や顧客との中長期的な関係作りが目的なので、いくら優れたタグラインができても、すぐに売上に影響が出るわけではありません。

しかし、その会社やブランドが何を考え、何を目指しているのかを消費者に伝えることは、ブランドイメージの向上につながる大事なステップです。

特に5万店舗以上がひしめく楽天市場においては、ユーザーに自社ブランドを認知してもらい、イメージを高めておくことが非常に重要になります。

というのも、楽天で買い物をするユーザーは、めったに「即決」しません。

クリスマスツリーを買うにしても、複数の商品を見比べ、デザインや性能や価格を比較した上で、もっとも気に入ったものを購入します。ユーザーがLPを訪問した際、タグラインによって好印象を植え付けることができれば、一度はLPから離脱して他社商品を見に行ったとしても、「やっぱりさっきのツリーの方が素敵だったな」と戻ってきてくれる可能性は確実に高まります。

ユーザーとタグラインの接点は、多いに越したことはありません。LPを見てうっすら記憶に残っていたタグラインが、購入後に商品と一緒に届く同梱物にも記載されていたら、ユーザーはそのタグラインに対して、より親しみを感じるようになるでしょう。

そうなると、レビューの内容も変わってきます。たとえばアルザスのクリスマスツリーには「自分の子どもにとっても思い出のクリスマスツリーになったらいいな」、「すごく大っきなツリーが家にあったことを良い思い出として記憶してくれたらいいな」、「子どもの頃の思い出はプライスレスです」といった素敵なレビューがついています。これは間違いなく同商品のタグライン「思い出とともに、いつまでも」の影響で、このフレーズが印象に残っていたからこそ、「思い出」という切り口でレビューを書いてくれたのです。

タグラインによるイメージ戦略がうまくいけば「紹介」も増えていきます。

直接の知り合いに紹介するにしても、SNSで取り上げるにしても、単に商売のために作られたツリーよりは、クリスマスの本質を大切にしている会社が作ったツリーの方が、より紹介したい気持ちになるからです。

なお、当社ではこれから注力して売っていこうという重点商品については、タグラインを作ってからでないとLP制作に着手しません。しないというよりも、できません。タグラインが決まっていないということは、売り方や訴求の方向性が定まっていないということだからです。

反対に、タグラインができている商品は打ち出しが明確なので、デザイナーとの打ち合わせもスムーズに進み、イメージどおりのLPができあがります。

ECとは違う「オフィシャルサイト」でブランドイメージを磨く

ECを始めたばかりの頃は、LPやサムネなど必要最低限のクリエーティブを作るだけで精いっぱいでしょうが、ECが軌道に乗って余裕ができたら、次のステップとしてオフィシャルサイトやコンセプトページを作ることをおすすめします。

ECサイト（ECモール）が商品を売る場であるのに対して、オフィシャルサイトの主な目的は、企業やブランドのイメージを向上させて顧客や潜在顧客との関係を強化することです。

目的が違えば、ページの作り方も変わります。ECサイトやLPでは、ランキング実績や返品保証、お得感など、「買いたい」と思ってもらうための情報がメインとなるのに対して、オフィシャルサイトではタグラインを軸に、ブランドのコンセプトや特色を丁寧に伝えていきます。

当社の場合は、クリスマスツリーの「アルザス」、生活家電の「bianca +」、新事業である「サプリプロラボ」の3ブランドについては、専用のオフィシャルサイトを立ち上げてブランディングに努めています。

これもタグラインと同様、作ったからといってすぐに目に見える効果が表れるわけではありませんが、オフィシャルサイトがあるのとないのとでは、企業やブランドに対する信用度が大きく変わります。Googleで「アルザス　クリスマスツリー」と検索したとき、楽天市場のようなＥＣモールだけではなく公式サイトが表示されることで、「きちんとした信頼できるブランドだ」と、より安心感を持っていただけるのです。

第7章

会社が右肩上がりで成長する「戦略」と「仕組み」

ECビジネスではスタッフの「想い」が売上に直結する

私は本業のかたわら経営者が集まるコミュニティーを運営し、経営や自己啓発をテーマとするコンサルティングや講演活動を行っています。

第7～8章では、そうした場で私がいつもお伝えしている題材の中から、ECビジネスと特に関係が深い内容を取り上げたいと思います。

最初のテーマは組織運営についての考え方です。

本書ではここまで主に「いいもの」を作って売る方法を解説してきましたが、市場リサーチも商品開発も店舗運営も、すべては「人」がやることです。

いい人がいなければ、いい企画はできないし、どんなにいい商品ができたとしても、人が育たなければ会社は成長できません。昔から「人財は会社の宝」などと言われるとおり、会社というのは人がいなければ何もできないのです。

ECビジネスにおいても、成長を加速させる最大の原動力は人の「想い」です。

アルザスのクリスマスツリーやbianca＋のブレンダー、ヒートブラシといった当社のヒット商品も、すべて「**いいものを作ってお客様に喜んでもらいたい！**」というスタッフの熱い思いが形になったものです。もしも彼ら・彼女らが「売れるものなら何でもいい」、「自分が作りたいものを作ればいい」という気持ちで開発に取り組んでいたら、結果はまるで違うものになっていたでしょう。

従業員の目指す方向を一致させ、ともに歩んでいくためには、明文化された「**理念**」が必要になります。

当社も創業当初から「いいものを提供したい」という気持ちは持っていたものの、最初はメーカーではなく輸入販売業者だったこともあり、どうしてもプロダクトアウトの発想でものを売らざるを得ないことが度々ありました。

しかし、業態を製造小売業（SPA）に転換して「**ほんとうにいいものを、お求めやすい価格でご提供する**」という理念を明確に打ち出してからは、社員の働き方が目に見えて変わりました。常にユーザーの目線に立ち、企画した商品が「ほんとうにいいもの」かどうか、「お求めやすい価格でご提供」できるかどうかを確認するという、ブレない軸ができたのです。

会社が大きくなり、私が現場を離れることが増えた今でも「いいもの」を追求するものづくりができているのは、理念の実践が仕組み化されているからです。

つまり、私のかわりに専務がチェック係となり、部下から上がってきた企画書や、工場から届いた試作品や商品が「ほんとうにいいもの」になっているかを確認し、合格点がついたものだけが市場に出回る仕組みができているのです。

実は「ノルマ」は逆効果！売上を追求するほど経営は苦しくなる

当社では、営業ノルマや売上目標といったものは一切存在しません。それには四つの理由があります。

ひとつは、売上ではなく利益を重視しているからです。

売上を目標にすると、社員は「売上の確保が最優先」という思考回路になって、安易に広告や値下げを検討します。広告を出したり値下げをしたりすれば、売上は上がるでしょうが、肝心の利益は目減りします。**ところが当の社員は、利益が出なくても売上目標を達成したというだけで満足してしまいます。**

同じ1000万円の利益でも、1億円を売り上げて1000万円の利益が出るのと、10億円売って

1000万円残るのとでは、前者の方がはるかに効率的で、現場社員の疲労やストレスも少なくて済みます。ところが売上至上主義で社員の尻を叩いていると「**薄利でもいいから多く売りたい**」という社員が増えて、気づけば「10億円売っても1000万円しか残らない」という企業体質になってしまうのです。


二つ目の理由は、会社の「売れ、もっと売れ」は信頼を落とすことにつながるからです。

お客様に喜んでもらうことではなく、目先の売上を第一に考えていると、LPで誇大表現を使ったり、画像を修正して実物よりよく見せたりと、売り方が詐欺まがいになっていきます。そんなやり方では、瞬間的には売上が上がったとしても、レビュー欄は「期待はずれ」、「画像と違いすぎる」といったコメントで埋め尽くされるので、あっという間に売れなくなってしまいます。


売上ノルマを課さない理由の三つ目は、**ノルマは従業員のモチベーションを下げる**からです。

これは、もしかしたら昭和生まれのド根性世代の人には理解しにくい感覚かもしれません。今の50〜60代が若手だった時代は、「社員というのはノルマがなければ働かない」、「ノルマを達成することが喜びになる」というのが常識だったからです。

実を言えば私自身もノルマは苦にならないタイプで、営業マン時代は会社から与えられたノルマでは満足できず、それ以上のノルマを自分で自分に課すことでエネルギーを得ていました。自分で会社を興したり、営業部門で出世して管理職になるような人は、そんな「ノルマ上等」というタイプの人が多いのではないでしょうか。

　でも、**そんなふうに考えられる人は少数派です。**営業職を希望して入社してくる人でも、人と接する仕事がしたいだけで、ガツガツ数字を追いかけるのが好きとは限りません。今の若い人は特にそうです。

　しかもノルマが存在すると、お客様にいいものを届けることよりノルマを達成することが重要になって、いいとは思えない商品でも売らねばならなくなります。お客様のためになることがしたくて営業になったのに、そんな不本意な仕事しかできないとなると、やる気も落ちてしまいます。

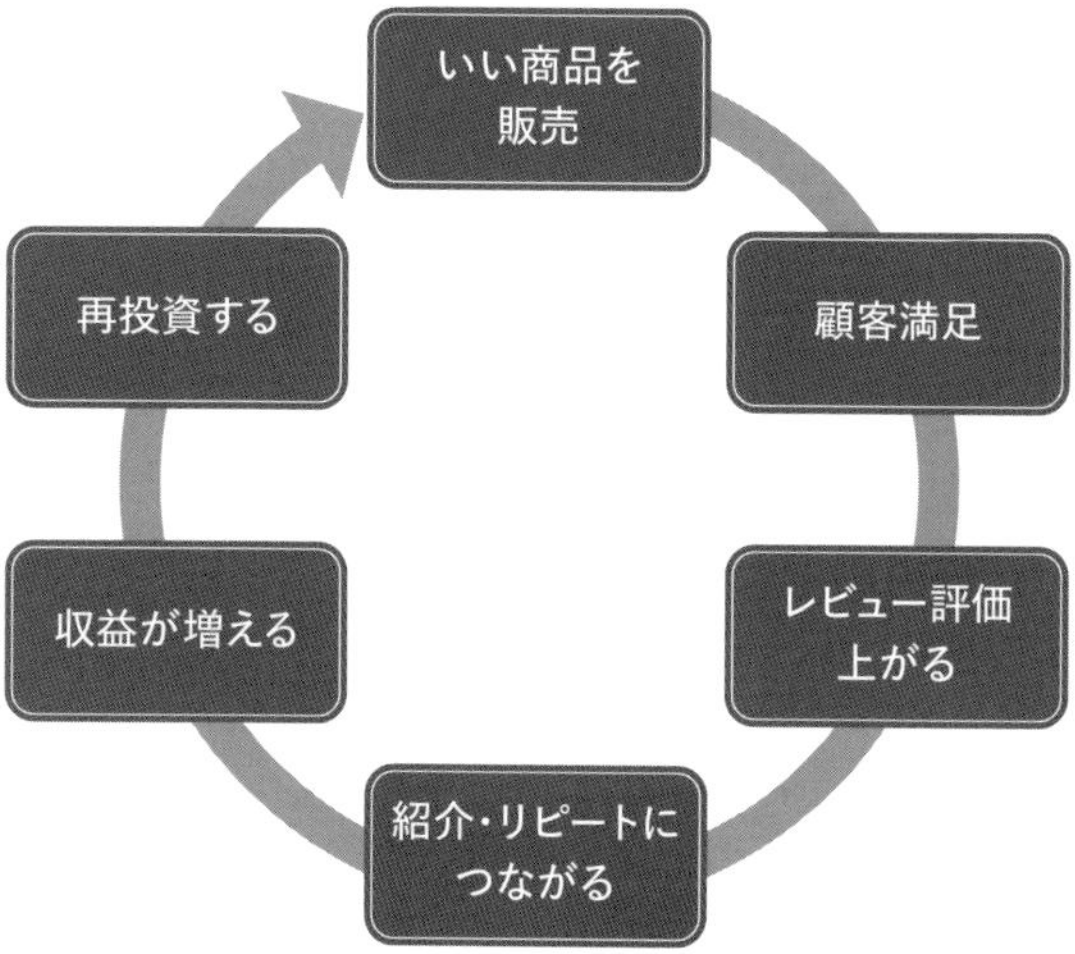

いい商品を販売
顧客満足
レビュー評価上がる
紹介・リピートにつながる
収益が増える
再投資する

　そしてノルマを課さない四つ目の理由は、社員にノルマを与えるよりもっと効果的に売上を伸ばす方法を知っているからです。

　それは「**ほんとうにいいものを、お求めやすい価格でご提供する**」ことです。これはキレイゴトでも何でもない完全な事実で、いい商品を適正価格で提供し、その価値を適切に伝えることができれば、無理な営業などしなくても商品は自然と売れていくのです。

だから当社では売上目標を立てることはやめました。ここ5〜6年は、売上を上げるための会議も一度もやっていません。

売ることを考えるかわりに、買ってもらうことを考えるようになりました。つまり、消費者はどんな商品なら買いたくなるのか、どうすれば既存商品の不満を解消できるかを考え抜いて「いいもの」を作り、ＬＰやタグラインを通じてその良さを伝えることに注力するようになったのです。

社員には「売上ではなく目の前のお客様にきちんと向き合いなさい」と伝えています。不満のレビューが書き込まれたら、お詫びするとともに改善策を考える。不良品が届いたという連絡があれば、丁寧かつスピーディに対応する。他社商品に向けられた不満を見つけたら、それを解消できる商品を考える。そうした日々の積み重ねが、お客様からの信頼とスタッフの自信を育み、売上につながっていくのです。

事実、売上会議を廃止してから今日まで、売上も利益も右肩上がりで伸び続けており、特に直近の3年間は、自分でも予想していなかったほど爆発的に成長しています。

「嫌なことを言う人」を傍に置きなさい

私のような創業社長はワンマンになりがちです。

意思決定の速さなど、ワンマン経営にもメリットがないわけではありませんが、ワンマンが過ぎると従業員のやる気が削がれてしまうし、周囲がイエスマンばかりになると社長が成長できなくなってしまいます。

だから私は社内、社外を問わず「嫌なことを言う人」を遠ざけないように心掛けています。

たとえば経営者仲間のAさんは思ったことを何でもズバズバ言う人で、先日も何気なく世間話をしていたら「曽我さん、ちょっと調子乗ってるんちゃう?」と言われてしまいました。

それは正直、言われて嬉しい言葉ではありません。

Aさんはいつもこんな調子で批判めいたことを口にするので、仲間内でも彼を敬遠する人も少なくありません。でも、Aさんがそう言うからには、私の言動のどこかに「調子に乗っている」と思わせる何かがあったことも事実なのでしょう。

だから私はAさんにチクリと言われるたびに、ムカっとする気持ちを抑えて必ず「どうしてそう思ったのか」を質問するようにしています。そうすれば、ただの嫌味も学びに変わるし、Aさんも「嫌な人」から「気づきを与えてくれる人」に昇格するのです。

従業員にも、入社のときから折に触れて**「意見は自由に言っていい」**と伝えています。上司に意見するのは勇気がいることなので、最初はみんな遠慮して何も言いませんが、古参の社員たちがズバズバと社長に物申すのを見ているうちに、だんだんと率直な気持ちを口に出してくれるようになります。

厳しい意見を言ってくれる人を大切に

そのときは、どんな内容であれ、話をさえぎらず最後まで聞くように心掛けています。そして聞き終わったら、必ず「つまり何が言いたかったのか」を確認して焦点を合わせます。

というのも、社員は言葉のプロではないので、言いたいことをうまく表現できず、言葉と真意が微妙にズレていることがよくあるのです。それに気づかず、相手の言葉を額面どおりに受け止めていては、お互いわかり合うことはできません。そんなすれ違いを避けるためにも、「こういう言い方をしていたけれど、もしかしたら、こういうことが言いたかったのではないか」などと確認して、話をかみ合わせていくのです。

その上で、経営者仲間のAさんにしたように、なぜそう思ったのか、その意見に根拠はあるかなど、いろんなことを質問します。そして、相手の言葉がもっともだと思えば素直に受け入れるし、違うと思ったらその理由をきちんと伝えるようにしています。

こうした部下とのコミュニケーションは、相手が不満をため込まないようにするマネジメントの一貫であると同時に、自分とは異なる考え方を知って自分を成長させるきっかけにもなるのです。

意見を取り入れるために傾聴

謝罪や反省は口に出さなければ意味がない

偉そうなことを書いてしまいましたが、正直に告白すると、私自身はまったく「できた人間」ではありません。関西人の口の悪さで表現させてもらうなら「ほんま自分はクソやな」と思うことも多々あります。特に創業間もない40代前半の頃は、部下の感情など気にも留めずに好き放題に振る舞って、周りに多大な迷惑をかけていました。

たとえば新規事業にしても、自分がやりたいと思ったら誰にも相談せず自分一人でどんどん話を進め、忙しくなった分のツケは平気で社員にまわそうとする。社員からすれば迷惑以外の何物でもないのに、当の本人はそんな自覚はまるでなく、むしろ「この新規事業はみんなの生活のためにやっている」と思いこんでいるのだから、ひどい話です。

そんな私の目を覚ましてくれたのは、ある社員の一言です。

例によって独断で新商品を扱うことを決めたはいいけれど、自分一人では対応できなくなったので、ある社員に「君らのためにやってるんだから協力してくれ」と求めたら、**「僕らのためって言うけど、要は自分がやりたかっただけでしょう」**と言われてしまったのです。

彼の言い分は至極ごもっともで、私も冷静になった後は大いに反省し、自分のやり方を改めるきっかけになりました。でも、反論された瞬間はカッとなって「社員のためを思ってやっているのに、その言い方は何や！」と、感情的に怒鳴ってしまいました。

まったくもってお恥ずかしい話で、思い返すたびに「ほんま自分はクソやな」と思うし、周りの人はもっとそう思っていたことでしょう。


トップがそんなでしたから、創業当時の当社は離職率の高い会社でした。

人の話を聞かないワガママ社長でも、社員に辞められるのはこたえます。社員から辞表を突き付けられるたびに、私は自分の非と向き合わざるを得ませんでした。

今でも私には、変なプライドや、他人からよく見られたいという見栄など、いろんなゴミがいっぱいついています。そういう自分を自覚し、少しでもゴミを落とさなければと努力できるようになったのは、辞めていった社員をはじめ、周囲の人々のおかげとしか言いようがありません。

と言っても、私はまだまだ未熟です。

一つ前の項目で「社員の意見を聞く間は、口をはさまず冷静に傾聴する」と偉そうに述べましたが、ときには自制が効かなくなって「それはどうやろな？」などと口を出してしまうこともあります。

ただ、そのときは即座に謝ります。

「ごめん、ちょっとイライラしてもうた。ちゃんと聞かれへんかったから、もういっぺん言ってくれへんかな」と頭を下げて、やり直しをさせてもらいます。

「自分が悪いときは謝る」なんて人間として当たり前のことですが、謝ることを格好悪いと思ったり、意地を張ったりして謝れない人は少なくありません。私もかつてはそうでした。心の中で「悪かったな」と思い、それだけで謝ったような気になることも多々ありました。

でも、謝罪や反省は言葉に出さなければ伝わりません。過去にそれで何度も社員の信用を失ってしまった私は、「謝る」ことの大事さを人一倍実感しているのです。

私のようにワンマンになりがちな方は、まずは謝罪や反省の気持ちを口に出して相手に伝えることから始めてみてはいかがでしょうか。

新規出店や方向転換するときは担当者のモチベーションも考慮する

部下にモチベーション高く仕事に取り組んでもらうためには、部下の話にきちんと耳を傾けて社内の風通しを良くすると同時に、できるだけ本人の希望に近い業務を任せることも大切です。

もちろん、それが簡単ではないことは重々承知しています。

当社はメーカーになる以前、カー用品を仕入れてネットオークションで販売する事業に力を入れていました。当初はとても順調でしたが、オークションの運営は自動化できず手間がかかる上、競合が増えるに従って価格競争はますます激しく、商品サイクルはますます短くなっていきました。しかもカー用品市場はジリ貧で、このまま続けていても将来に明るい展望を描くことは難しく思えました。

そこで当社はオークションから撤退し、ＥＣモールで新ショップを立ち上げるとともに、年間４０

00万円ほど売れていたカー用品の扱いを徐々に減らして、自社製品を開発・販売するビジネスにシフトチェンジすることを決めました。

そうなると悩ましいのがカー用品担当者の処遇です。その社員はもともと車が好きで、カー用品を扱えるからという理由で当社に入社してきた人でした。

私はできることなら彼に働き続けてほしかったので、「これこれこういう事情でカー用品は扱わなくなるが、今度はこういう仕事を始めるから一緒にやってくれないか」と伝えました。彼は少し考えますと言ってはくれたものの、「やっぱり車にかかわる仕事がしたい」といって辞めてしまいました。

多くの社員の生活を預かる経営者として、将来性の低いビジネスにいつまでもしがみついているわけにはいきません。カー用品市場からの撤退は適切な経営判断だったと今でも考えています。しかし、そうした大きな方向転換は社員のモチベーションを下げることがしばしばあるのです。

以前の私は（前項でも述べたように）社員の感情などおかまいなしに、自分がやりたい仕事に突っ走る傾向がありましたが、それが周囲にとってどれだけ迷惑な行動であるかに気づいてからは、すべてトップダウンで決めるのではなく、できるだけ社員の意見を聞くようにしています。

「今度こういうジャンルに進出しようと考えているけど、どう思う？」と聞いて、「やりましょう！」という前向きな声が出なければ、新規事業は黄信号です。気が進まない案件を無理に担当させても、いい結果は出ないからです。

いくら個人的に面白そうに思える案件だとしても、進んで担当してくれる社員が見つからない場合

は、プランを練り直すか、最悪、白紙に戻します。それは社員のためであると同時に、会社のためでもあるのです。

社員が自ら提案できるようにして権限委譲して任せること

仕事の進め方を細かく管理して口を出すのは、部下のやる気を削ぐばかりで、いいことは何一つありません。自分で考え、提案できる部下を育てたいなら、マイクロマネジメントはやめて積極的に権限移譲すべきです。

当社では、主要商品については1人1アイテムの担当制を採用し、商品の企画・展開からLPなど制作物の管理、販促までトータルで任せています。広告戦略など会社のお金を使う部分についても、予算内であれば上長の許可を得ず、自分で判断していいことにしています。だから当社のスタッフは担当アイテムへの愛着がものすごく、誇りと責任を持って主体的に仕事に取り組んでいます。

たとえばアルザスのクリスマスツリーの担当者は、以前は言われたことだけを淡々とこなすタイプでしたが、アルザスの専任になってからは、こちらが何も言わなくてもどんどん新しいアイデアを提案してくるようになりました。

たとえばアルザスのＬＰでは現在、イギリスで撮影した画像を使っています。これを発案したのも彼でした。海外での撮影というのは当社としても初のチャレンジでしたが、彼は何のノウハウもないところから一人で撮影場所やカメラマンを手配し、結果的にアルザスの世界観にドンピシャの写真を撮影することに成功したのです。

これがもし会社側から「今度のＬＰ画像は海外で撮影するから、カメラマンとロケーション探しておいて」と命じられた案件だったら、そこまで細部にこだわることなく、70～80点くらいのレベルで「まあいいか」と満足していたかもしれません。彼は自分のアイデアだからこそ、思い描く画を撮るために全力で取り組んでくれたのです。

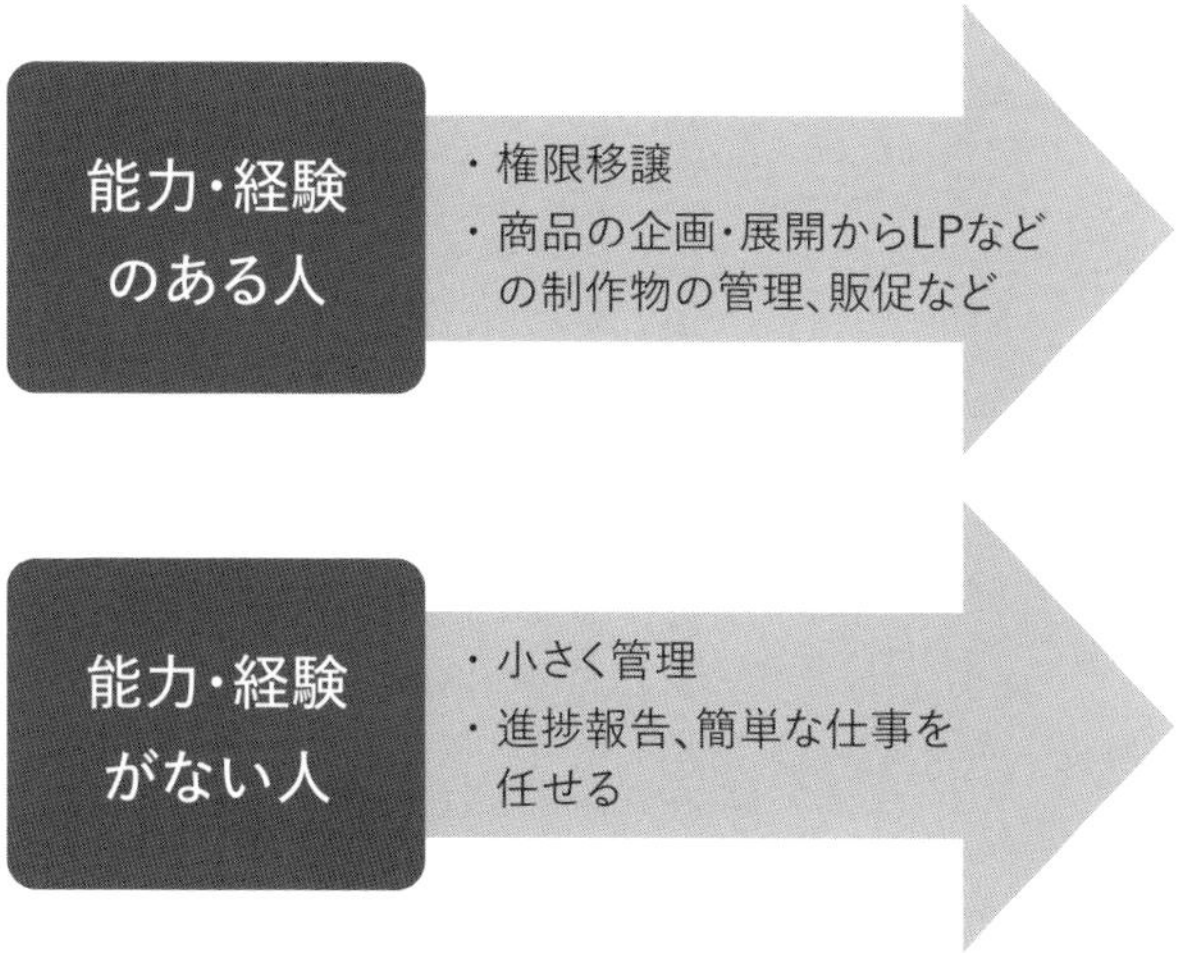

能力・経験のある人
・権限移譲
・商品の企画・展開からLPなどの制作物の管理、販促など

能力・経験がない人
・小さく管理
・進捗報告、簡単な仕事を任せる

ただし、権限委譲と丸投げは違います。

能力が未熟な人や、サボり癖がある人に大きな権限を与えても、まず成果は上がりません。マイクロマネジメントまでいくのはやりすぎですが、能力が足りない人に

は簡単な仕事で経験を積んでもらい、サボり癖がある人にはこまめに進捗報告をしてもらうなど、相手に合わせて権限の範囲を調整することは上司の役割です。

また、仕事を任せて失敗したときは、その責任は担当者ではなく任せた会社が負わねばなりません。権限だけではなく責任まで本人に押し付けてしまったら、大事な仕事は尻込みして誰もやりたがらなくなります。

「失敗しても会社が責任を取るから、どんどん挑戦してな」
「成果は急がんよ。長い目で見るから、君のペースで成長してな」

そのように辛抱強く言い続ければ、消極的な社員でもだんだんと**「自分で考え、提案できる部下」**へと成長してくれるはずです。

辞める人と敵対せず応援する気持ちで送り出せ

かつては離職率が高かった当社も、待遇の改善や権限移譲、1人1アイテムの担当制など、社員のモチベーション管理に重きを置くようになってからは、定着率がぐっと高まりました。

とはいえ、それでもさまざまな理由で会社を去っていく人はゼロではありません。

経営者としては無念なことではありますが、私は「辞めたい」という社員を引き留めることはしないようにしています。

なぜなら社員が上司や社長に「辞めたい」と言うとき、それはもう本人の中で気持ちが固まっているときだからです。今さら引き留めたところで心変わりするとは考えにくい。だとしたら、経営者として最良の対応は「辞めたい」という気持ちを受け止め、その人の「次」を応援してあげることです。

たとえば以前、当社にはカメラが得意な社員がいました。ＬＰのメイン画像はプロに頼みますが、ちょっとした小さいカットなどは、本人の希望もあって撮影を任せることも度々ありました。

それでスキルと自信をつけた彼は、結局、独立してカメラマンになるといって辞めてしまいました。当時のスタッフで撮影ができるのは彼だけだったので、辞められるのは痛手でしたが、夢を叶えるために独立するというのなら、応援するほかありません。口先だけの応援ではなく、独立直後で仕事が少ないときには客として撮影を依頼するなど、現実的な応援もできたのではないかと思っています。

現在では、彼のように独立する社員をサポートするために、退職時に７００～８００万円程度を受け取れる制度も用意しています。働きながら新しい夢や目標が見つかったとき、一歩を踏み出しやすくするためです。

「会社からすれば長く働いてもらうのが一番なのに、なぜ辞める人を大事にするのか？」と聞かれたこともありますが、実は、退職者を気持ちよく送り出すことは、残された社員のためでもあるのです。

もしも部下から辞意を告げられた上司が「恩知らず」などと暴言を吐いたり、追い出すように辞めさせたりする姿を見たら、ほかの社員はどう思うでしょうか？

「一生懸命働いても、結局はそんな扱いをされるのか」、「人を大切にしない会社なんだな」、「明日は我が身か」……。

間違いなくそうしたマイナスの印象を抱き、会社への愛着も薄れてしまうでしょう。

残された社員の信頼を失わないためにも、退職者と敵対してはいけないのです。

もちろん退職する側も、気持ちよく辞めさせてもらえた方が嬉しいに決まっています。辞める人は、会社に何かしら不満があって辞めるケースが多いと思いますが、はなむけの言葉に加えて退職金までつけて送り出してもらったら、最後はいい印象が残るでしょう。

私も若い頃は何度か転職を経験しましたが、応援してくれた人や会社には、いつか何かの形で恩返しをしたいと思ったものです。それを期待するわけでなくても、わざわざ退職者に嫌がらせをして敵を増やすようでは、経営者として失格と言わざるを得ません。

状況が悪いときは安心領域に留まらず「嫌な道」を行け

若手経営者と話していると「事業がうまくいっていない」という相談を受けることがあります。本人は「事業がうまくいっていない」ことを重く受け止めているようですが、実は、それ自体は大した問題ではありません。

問題があるとすれば「うまくいっていないときどうすればいいか」という方法を知らないことです。

望むような結果が出ていないときに一番大切なのは、アプローチを変えることです。

今までのやり方でうまくいっていないのだから、そのやり方を続けていても、同じ結果にしかなりません。商品が売れていないのなら、売り方を変える。ニーズを満たせていないなら、計画を変える。組織運営がうまくいかないなら、考え方を変える。そうすれば結果は変わります。

ところが、まじめな人ほど道は1本しかないと思いこみ、「成果が出ないのは自分の努力不足」と結論づけて、今までと同じやり方を延々と続けてしまう傾向があります。

今までの延長線上には、今までと同じ結果しかありません。今までと違う結果に到達したいなら、今までやったことがないアプローチに挑戦しなければならないのです。

今までやったことがないアプローチというのは往々にして「嫌なこと」の中にあります。

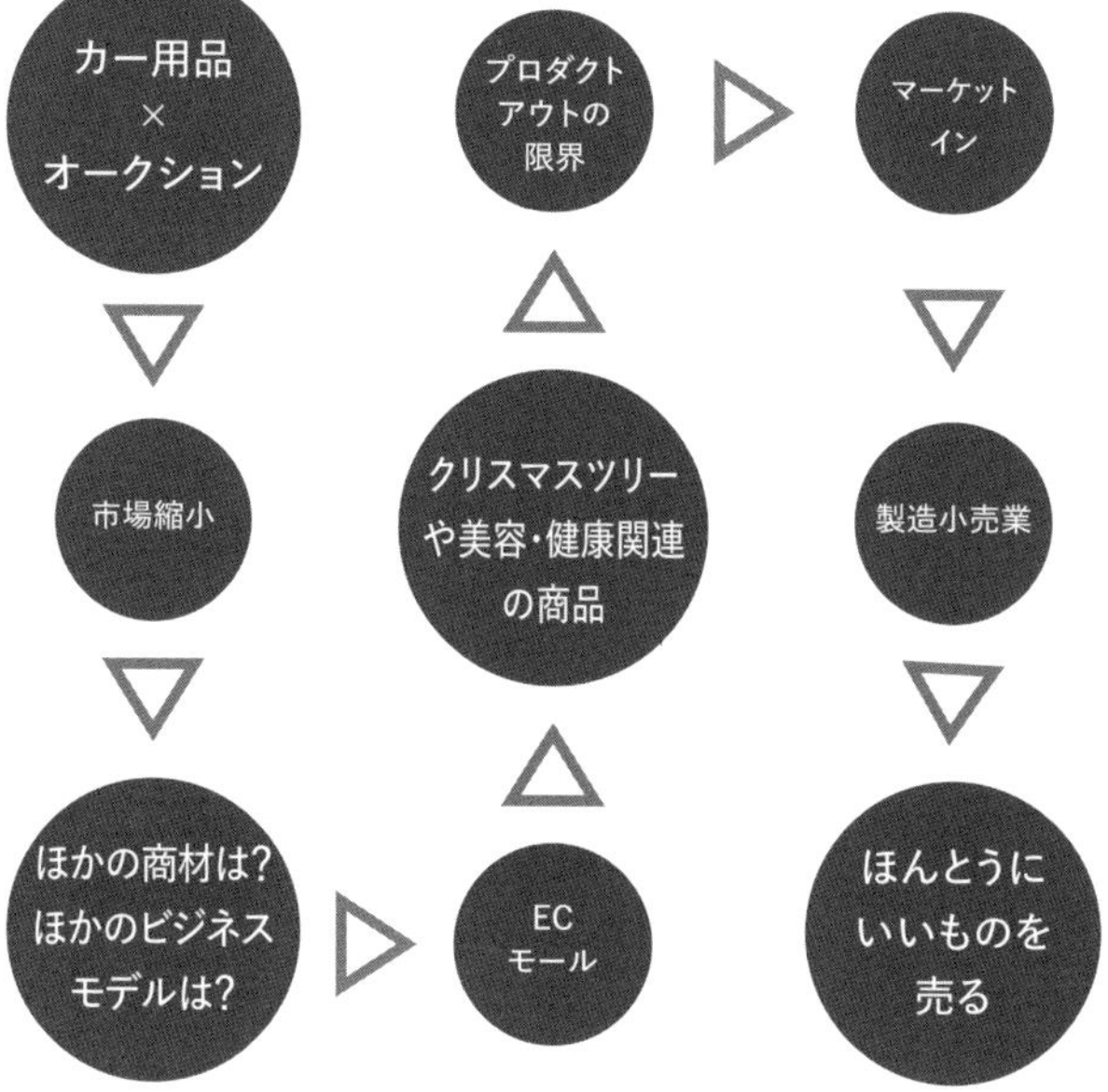

カー用品
×
オークション
市場縮小
ほかの商材は？
ほかのビジネスモデルは？
ECモール
クリスマスツリーや美容・健康関連の商品
プロダクトアウトの限界
マーケットイン
製造小売業
ほんとうにいいものを売る

人は誰しも「好きなこと」「興味があること」「安心できること」は進んでやるので、そういう安心領域の中にあるアプローチは、すでに一通りは試しているはずです。

かたや「嫌いなこと」「苦手なこと」「不安なこと」は、できるだけやりたくないので蓋をしています。今までの自分が避けてきたその蓋の下にこそ、まだ試されていない未知の可能性がぎっしり残っているのです。

私の経験でいえば、最初はオークションでカー用品を売っていました。もともと車は好きなので、カー用品は扱っていて楽しい商材だし、オークションという販路も、勝手知ったる庭のような場でした。

とはいえ、カー用品もオークションも市場は縮小傾向にあります。いくら居心地が良くても、その安心領域にしがみついていたら会社はとうに潰れていたことでしょう。今の私と会社があるのは、ＥＣモールや製造小売業、美容家電といった数々の「不安な道」に挑み続けてきた結果なのです。

普段から苦手や不安に挑戦し自分のマインドを鍛えておく

実を言えば、使い慣れたオークションから撤退し、愛着あるカー用品事業を縮小するとき、私はほとんど躊躇しませんでした。もちろん不安はありましたが、それよりも「また新しいことにチャレンジできる！」というワクワク感の方が優っていました。

そんな私のことを「メンタルが強い」と評する人もいますが、メンタルの強さは生まれつきではありません。**私はビジネスで行き詰まったとき安全領域を踏み出して新しい挑戦ができるよう、日ごろからちょっとした苦手や不安に挑戦して、耐性を作っているのです。**

「ちょっとした挑戦」というのは文字どおりほんとうにちょっとした、ものすごく簡単な挑戦です。たとえば、玄関を上がるときにいつもは右足から上がるところ、左足に変える。あるいは車を運転しているとき、あえて普段と違う道を走る。どちらも簡単で、リスクもほとんどない行動ではあるものの、あえてやろうとしなければまずやらないことなので、脳は違和感を覚えます。この「日常が変わることへの違和感」に慣れておくことで、いざというとき大きな一歩を踏み出す勇気が生まれるのです。

目の前に安心な道と、そうではない道があったなら、ほとんどの人は何も考えずに安心な道を選びます。だからこそ、そうではない道を選べば必ず結果は変わります。悪くなる可能性もあるけれど、少なくとも何かが変わります。現状を打破したいなら、リスクを取ってでも試してみる価値はあるはずです。

ポジティブになりたいなら まずはネガティブに考える

自分を鼓舞して行動を起こすにはポジティブなパワーが必要になります。「自分は前向きな性格ではないから無理だ」と思う方もいるでしょうが、**実は、ポジティブなパワーというのは往々にしてネガティブな思考から生まれるものです。**

ポジティブシンキングの塊のように見える経営者や起業家でも、何もないところからポジティブな未来をイメージできるわけではありません。彼らに「今の事業が大成功したとして、働き方や私生活がどう変わると思う？」と質問しても、漠然とした答えしか返ってこないでしょう。

ところが反対に「では今の事業が失敗したらどうなるか？」と尋ねると、打って変わってリアルな答えが返ってきます。

〈職を失い、従業員や取引先から罵詈雑言を浴びせられ、友人とは会う気にもなれない。やがては家族にも見放され、借金だけが残って、孤独で苦しい人生が待っている――〉

そういうネガティブな未来なら、みんな強くイメージできるのです。

もちろん、そんな暗い未来はごめんです。絶対になりたくありません。そうならないためにも、事業は絶対に成功させなければなりません。

ポジティブな発想が生まれるとしたら、ここからです。

〈絶対になりたくない自分にならないためには、今何をすべきなのか。どうすれば顧客や社会に受け入れてもらえるのか。事業が成功したら、世の中にどんなインパクトを与えられるか。家族の生活はどうなるか――〉

最初にゼロベースで質問したときには出なかった答えが、一度ネガティブな未来をイメージし、それを原点とすることで、するすると思い描けるようになります。

しかも、いったん自分が地に落ちたイメージを持った後では、自分がどうなりたいかという私利私欲だけではなく、「こういう商品を出すことで皆に喜んでもらいたい」、「こういう問題を解決したい」といった使命感や信念も生まれやすくなるのです。

ですから、今のあなたが将来にポジティブなイメージを持てないのであれば、まずは「今の仕事で失敗して、何もかも失った自分、絶対になりたくない自分」をイメージしてみてください。その先に必ずポジティブな思考が出てくるはずです。

第8章

不満を信頼に変えて「ビジネスの循環」を設計する

ファンが増え自然と売れていく「好循環」の始まり

どんな分野のビジネスであれ、長期安定的に発展させるために欠かせないのが「循環」の視点です。この視点を持たずに「売れたら終わり」の刹那的な商売をしていると、商品を作る（仕入れる）→がんばって売る、という作業を延々と繰り返すことになり、いつまでたっても苦労が絶えません。

ところがビジネスが好循環の波に乗れば、売る努力などほとんどしなくても、勝手に商品が売れていくようになるのです。

どういうことか、具体的に説明しましょう。

好循環が始まるための絶対条件は「いいもの」を提供することです。顧客の不満をリサーチし、それを解消できるだけの「いいもの」を作れば、お客様は必ず満足してくれます。

ポイントは、顧客が商品の良さを実感したタイミングで、SNSを使ってブランドの世界観などを伝えることです。それにより、一度きりの購入者ではなく、ブランドや会社のファンになってもらうのです。

ファン化した顧客は「このブランドを応援したい」「ほかの人にも教えたい」という気持ちから、いいレビューを書いたり、SNSでポジティブな内容を投稿したりしてくれます。それが宣伝・紹介の役割を果たして新規顧客が増えるのはもちろん、本人も「みんなにすすめたからには自分も」とリピートしてくれる可能性がさらに高まります。

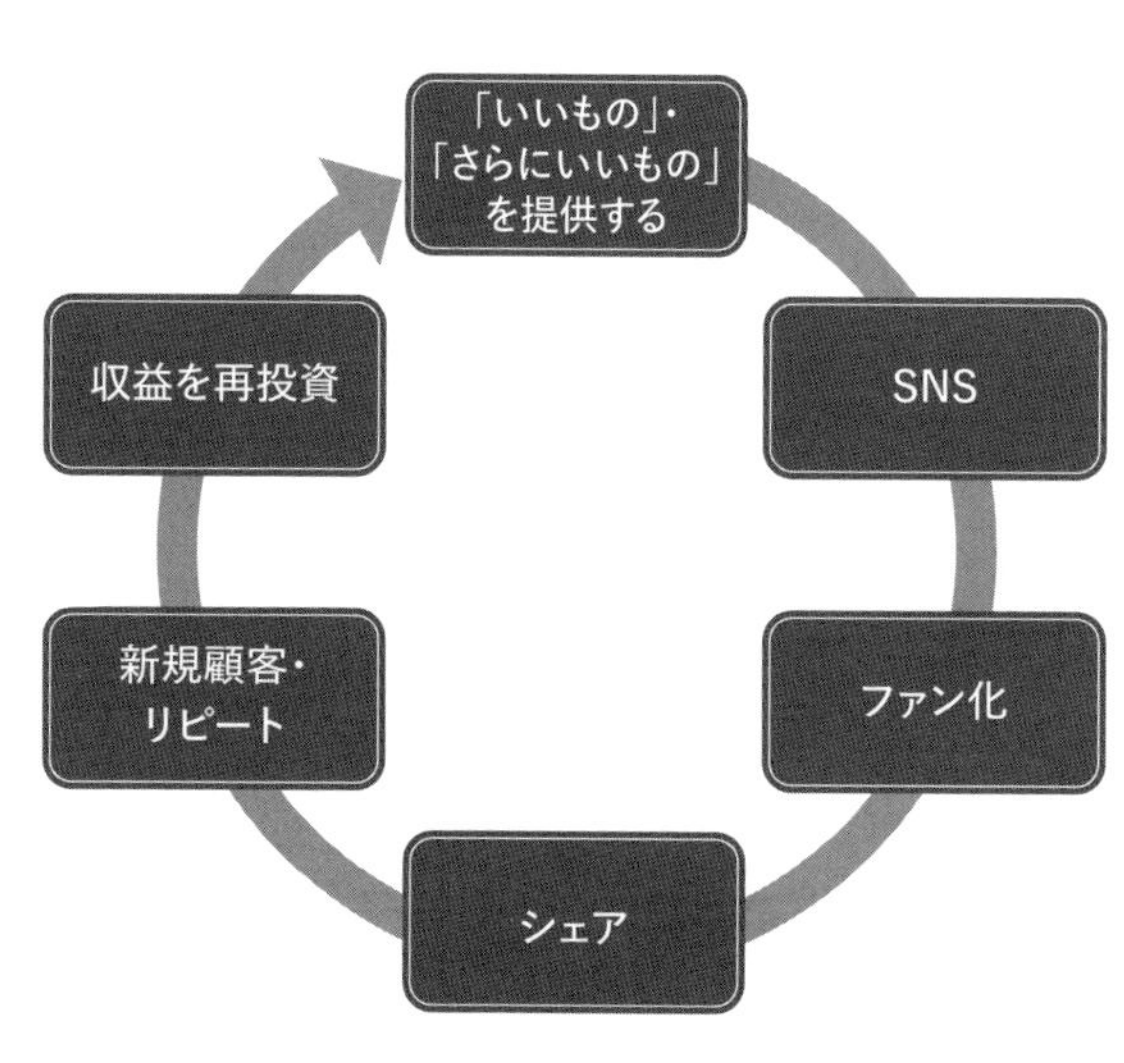

ファンの支えで収益が上がったら、今度はその収益を再投資して、さらにいい商品を作ります。たとえば付属品を増やしたり、パッケージの見栄えをよくしたりと、今まで以上に「いいもの」を作れば、より満足度が上がってレビューも良くなり、さらに紹介・リピートが増えるという「好循環」が生まれるのです。

同梱物にインスタ写真を掲載すると好意的な投稿が激増する

ビジネスの循環を生み出すためには、購入者がただ満足して終わるのではなく「いいレビューを書いてこの商品を応援したい」、「みんなに紹介したい」と思ってもらう必要があります。

いいものを作ってさえいれば、レビューや口コミはある程度は自然発生的に増えていきますが、そこにちょっとした工夫を加えれば、紹介・拡散はより強化されます。

鍵を握るのは、商品と一緒に発送する「同梱物」です。

アルザスのクリスマスツリーの場合は、既存のユーザーがインスタにたくさん画像を上げてくれているので、投稿者の許可を取った上で、その画像を同梱用のチラシに掲載。そこに「あなたもぜひ投稿してください」という旨の一文を添えて、購入者にお送りしています。

飾られたツリー画像がズラリと並んだチラシは、ディスプレイの参考になるだけではなく、「私もがんばって飾り付けてみんなに見てもらいたい」という気持ちを刺激するので、投稿がさらに増加します。

事実、インスタにおけるアルザスツリー関連の投稿は、発売3～4年目は5000件程度だったのが、同梱物で紹介を始めた翌年には1万件に倍増しました。さらにその後、同梱物だけではなくLPにもインスタ画像を掲載するようになってからは、買う前から「自分もこんな投稿をしよう」という意識が刷り込まれるのか、投稿は加速度的に増え続けています。

レビューやSNSへの投稿をお願いするときは「実際の使い心地など、ありのままの感想を投稿してください」というように、購入者の自由な意見を尊重する表現を使用しましょう。「それだけ自信がある商品なのだ」という印象を与えることができる上、より主体的に投稿してくれる購入者が増加します。また、「皆様のレビューはほかのお客様にとって参考となりますので、ぜひご意見をお聞かせください」といった、レビューの重要性を説明する表現も効果的です。

一方、「必ずレビューを書いてください」といった強制的な書き方や、「良い評価を書いていただけるようお願いします」といった、特定のレビューを書くように促す表現は避けるべきです。レビューは本人がしたいからするものであって、「やらされ感」が出てくると気分が白けてしまい、投稿する意欲が失せてしまいます。

公式LINEで固定ファンを増やしなさい

以前より予防医学や健康に興味を持っていた私は、いつかは健康寿命の増進に貢献できる事業を手掛けてみたいと思っていました。その考えに共感する方々に出会えたことから2020年、サプリメントを開発・販売するサプリプロラボ株式会社を設立。現在は楽天と自社サイトにおいて、医師が推奨するオリジナルサプリの販売を行っています。

しかしながら、サプリというのは紹介・拡散を生んで「循環」させるのが難しい商材でもあります。顧客が正しい使い方や適切な摂取方法を知らないと、自分に合ったものを選ぶことができないし、紹介・拡散するならなおのこと、人に伝えられるだけの知識が必要になるからです。

この課題をクリアするためには、ショップが顧客に正しい情報を伝えて「教育」する必要がありま

す。

そのためのツールとして当社が選んだのが公式ＬＩＮＥです。若い人向けの商品ならインスタでもいいでしょうが、サプリのように老若男女を問わず幅広い層にリーチしたい商材の場合は公式ＬＩＮＥが適しているからです。

アプローチ方法としては、同梱物に公式ＬＩＮＥのＵＲＬやＱＲコードを掲載して登録を促しています。目的は顧客教育なので、基本的に公式ＬＩＮＥからの売り込みは一切しません。そのかわりに「60秒でわかる栄養学」と題した動画など、役立つコンテンツを定期的に配信しています。

サプリラボは戦略上、セールはほとんど行わず、クーポンも紹介クーポンなどに限定しています。そのため公式ＬＩＮＥに登録しても「お得感」は薄いのですが、それにもかかわらず開封率は70〜80％と、一般的なメルマガに比べて圧倒的に高い成果を上げています。

読者はもともとサプリに興味がある上、売り込みをせず、医師や薬剤師など予防医学の専門家が監修した信頼できる情報を伝えるという姿勢が信頼を呼んだからでしょう。情報を与えてファン化することで、リピートや紹介も徐々に増えつつあります。

なお、サプリラボの公式ＬＩＮＥはあえて顧客教育の専門ツールにしていますが、ブランドによっては販売促進ツールとして活用することも可能です。当社でも、財布やヘアアイロンのブランド「ルピリーナ」では、公式ＬＩＮＥからクーポンを配ったり、セールの告知を行ったりと、メルマガに近い使い方をしています。

メルマガとの違いは、テキストメッセージや画像だけでなく、動画やスタンプ、音声メッセージなど、多彩なコンテンツを使えることです。さらにリアルタイムのメッセージング機能もあるため、ユーザーとのダイレクトな対話やカスタマーサポートに使用することも可能です。

体もビジネスもどこかが悪いと循環しない

ビジネスが循環し始めると、少ない労力で利益を上げられるようになるので、社員も経営者も無理をすることなく、社会の役に立ちながら会社を発展させられるようになります。

ただしビジネスの循環は、どこか一か所でも悪くなると流れが止まってしまいます。

いいものを作っても、レビューが伸びなかったり、内容が悪くなったりすると紹介・拡散が発生しないし、収益が悪ければ再投資できないので循環になりません。逆に、レビューや紹介・拡散を生むための仕掛けをバッチリ作ったとしても、作り手がお客様のことを考えず、自分たちの都合ばかり優先して商品を作っていたら、そもそも満足が生まれないので誰も仕掛けに乗ってくれません。

ですから循環設計がうまく軌道に乗らないときは、どの工程が流れをせき止めているのかを確認してください。そうすれば、取るべき対策が見えてくるはずです。

どこかが悪いと循環しないのは、ビジネスだけではなく、ありとあらゆる物事について言えることです。

たとえば私たちの体も、いいものを食べる→消化・吸収されて栄養になる→排泄される→またいいものを食べる、というように循環しますが、どこか1か所でも機能しなくなると体調が悪くなってしまいます。

人間関係や人生も同じで、全体としては悪くないはずなのに、どこか1か所つまずくと、ほかのさまざまな部分に悪影響が生じます。この場合のボトルネックとしてもっとも可能性が高いのは、**利己的なものの考え方です**。

自社の利益ばかり考えている会社が結局のところ儲からないのと同じように、自分のことばかり考えている人は周囲の信頼や愛情を得られず、人生が循環しなくなるのです。

人生でもビジネスでも、好循環を生む秘訣は、得ることよりも与えることに集中することです。

ものづくりをするなら、自分たちが儲けることよりも、まずはお客様にいいものを提供し、喜んでもらうことを考える。商品開発でも、どうやって工場を安く使おうかではなく、工場にもメリットがある方法を考える。人間関係も同じで、自分ではなく相手のことを考えて、相手が喜ぶことを先にしてあげる。それが好循環のはじまりとなるのです。

利他の精神を起点として物事を循環させていくと、物事はすべからくうまく進みます。ものは売れ、お客様は満足し、スタッフも工場も取引先も自分もみんな幸せになる。関係している全員が喜ぶ循環ができれば、仕事も人生も絶対にうまくいきます。

実際、私の周りで成功している人はみんな「いい考え方」をしています。

自分たちの利益のためだけではなく、商品やサービスを通して世の中をよくしたいという気持ちを持ち、人が嫌がることも率先してやっています。

「成功の秘訣を一言で」と求められたなら、そうした「いい考え方」を起点に人生やビジネスの「好循環」を生むことだとお答えします。

人生の好循環は「感謝」から生まれる

あなたははじめてお客様に商品を買ってもらった日のことを覚えていますか？　いつ、何を、どんな人が買ってくれたかなど、細かいことは忘れてしまったとしても「やった！」という喜びや、心からの「ありがとうございます！」という気持ちは、なんとなくでも思い出せるのではないでしょうか。

しかし長くビジネスをやっていると、お客様に買ってもらうことに対する感動や感謝の気持ちがだんだんと薄れて、当たり前になってしまうことがあります。

自覚がある方はここで今一度、お客様が自社の商品を受け入れ、買ってくれるということがどれだけ大変で、ありがたいことであるかを思い出してください。

その感謝の気持ちは、仕事へのモチベーションを高めるとともに、あなたの人生を豊かにすることにもつながります。そしてまた、感謝の気持ちを持てる人が増えれば増えるほど、世の中はよくなっていくでしょう。

みんなにとって良いことでないと継続していけない

先述のとおり、ビジネスや人生の好循環は、どこか1か所でもほころぶとうまく機能しなくなります。ほころびが生じたら、そのつど補修して再循環させることもできますが、それよりは最初からほころびが生じにくい循環を設計する方がはるかに効率的です。

循環のほころびはほとんどの場合、人の感情によってもたらされます。工場がやっつけ仕事をしたために不良品が頻発したり、購入者が攻撃的な気持ちになってレビューが荒れてしまったり、といった具合です。

こうしたほころびを未然に防ぐためには、みんなの気持ちに寄り添って、みんなにとっていい循環を設計する必要があります。その姿勢を象徴する言葉として、**売り手、買い手、社会の三方が満足す**

る「三方よし」がありますが、私はここに「未来」と「自分」を乗せて「五方よし」を目指したいと考えています。

未来よしというのはSDGsにもつながる考え方で、今現在の自分の会社や社会にとって望ましいだけではなく、十年後、五十年後の未来も見据えて良いことを追求するという意味です。

この視点を持たず、たとえば商品を過剰に梱包したりするのは「未来よし」に反します。

受け取ったお客様の中には「丁寧な仕事だ」と思ってくださる方もいるかもしれませんが、地球環境や持続可能性を考えるなら、未来に優しいサービスとは言えません。

最後に「自分よし」を入れたのは、やはり自分の人生も楽しまなければ仕事や社会貢献へのエネルギーが続かないからです。経営者の中には、私生活を二の次にして仕事に没頭する人も少なくありませんが、そんな生活を続けて突然倒れたり、鬱になったりしたら、自分自身が好循環のストッパーになってしまいます。

「自分よし」は、仕事熱心な人ほど見落としがちなポイントでしょうし、私自身も実践できているとはいえません。頼まれれば何でも引き受けてしまう性格のため、結果としてプライベートな時間がなくなってストレスをためることもあります。「人から必要とされる人間になる」という人生の目標と「自分よし」をどう両立させていくかが、今の私には一番の課題といえます。

ただ、焦る気持ちはありません。

若い頃は高い山に一気に登ろうとして何度も失敗しましたが、年齢を重ねた今は、そのやり方ではうまくいかないことを知っています。特に、「五方よし」の精神で循環を生み出すなどという途方も

五方よし

10年後、50年後の
未来も見据えて良い

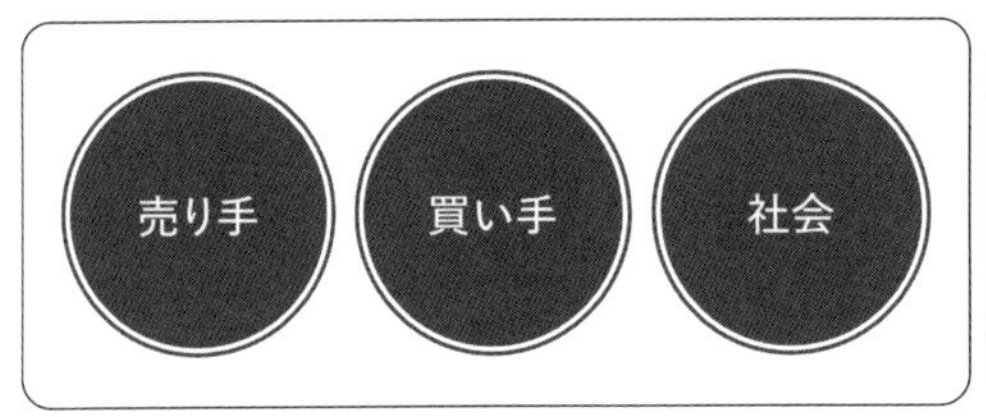

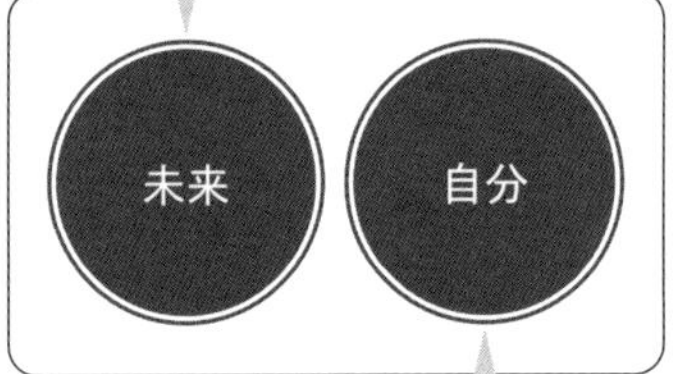

三方よし

人生を楽しんで、
社会貢献する

ない目標に近づくためには、一足飛びに成果を求めるのではなく、地道な努力を積み重ねるほかありません。

自社の商品を循環させ、仲間やクライアントのビジネスを循環させ、人生や社会を循環させる。そのために、これからも自分にできることを一つひとつ実践していく所存です。

曽我 浩行（そが ひろゆき）

株式会社Global Bridge Trading 代表取締役

大阪府大東市 生まれ。

６歳の頃に両親が離婚し、複雑な家庭環境の中で育つ。

高校卒業後、証券会社へ入社して間もなく結果を残し、責任の大きいポジションに抜擢される。以降複数の会社を渡り歩くが、どの会社でも圧倒的な営業成績を残しスピード出世を果たす。

2006年、輸入販売業を始めたのをきっかけに独立し、2007年に株式会社Global Bridge Tradingを設立。創業から16年間右肩上がりの事業成長・黒字経営を継続し、EC事業だけで18億の売り上げを超える。

自社開発商品も含め、通販事業で展開する商品数は常時1000点を超え、飲食店経営など多角的に事業を拡大している。

2021年には経営コンサルタントとして、異業種の経営者にECビジネスをレクチャーし、会員同士の交流も深めるためのコミュニティー「TSUNAGU」を設立。本書にもある独自のマーケティング理論を学ぶため、多くの経営者が参加している。


現在、自身が運営するYouTubeチャンネル「釣りバカ社長のGROOVY FISHING CHANNEL」は、登録者数は4.8万人を超え、3400万回を超える総再生回数で人気を得ている。

※2023年10月時点

「曽我浩行LINE公式アカウント」

売るための努力ほど、無駄なものはない！

2023年11月30日　初版第1刷発行

著者　曽我浩行
ブックライター　武政由布子

カバー　小口翔平＋須貝美咲（tobufune）
ＤＴＰ　有限会社中央制作社

発行者　石井悟
発行所　株式会社自由国民社
〒171-0033　東京都豊島区高田3丁目10番11号
電話　03-6233-0781（代表）
https://www.jiyu.co.jp/

印刷所　八光印刷株式会社
製本所　新風製本株式会社
企画協力　株式会社ブックダム
編集担当　三田智朗